名探偵コナン 灰原哀の科学事件《サイエンストリック》ファイル

原作：青山剛昌
まんが：あさだみほ
科学原案：くられ

灰《はい》原《ばら》哀《あい》の科《か》学《がく》実《じっ》験《けん》室《しつ》 1

Ai's Labo《アイズラボ》

~変《か》わる! はじける! 光《ひか》る! 3つの実験《じっけん》にチャレンジ~

身近《みぢか》な「不思議《ふしぎ》!」の中《なか》には、化学《かがく》反応《はんのう》が関係《かんけい》するものがたくさんあるわ。簡単《かんたん》に手《て》に入《はい》るもので、いっしょに実験《じっけん》をしてみましょう。今回《こんかい》は、色《いろ》が変《か》わる実験《じっけん》、はじけるドリンクが作《つく》れる実験《じっけん》、キラキラ光《ひか》るものを探《さが》す実験《じっけん》の3つにちょうせんよ。

1 色《いろ》が変《か》わるペーパーを作《つく》ろう！

へぇぇ？

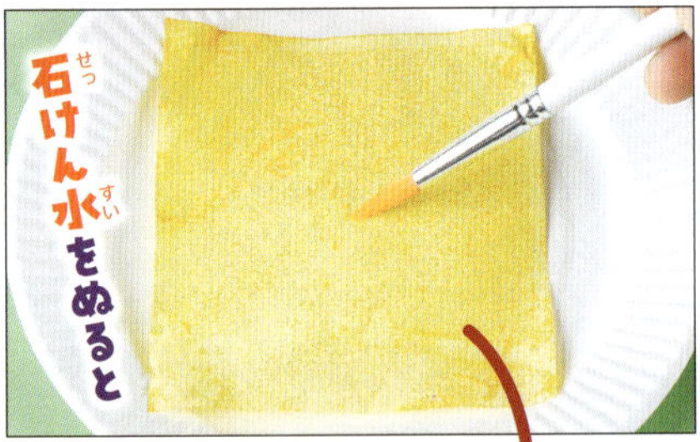
石《せっ》けん水《すい》をぬると

コナン
色《いろ》が変《か》わる!

まめちしき 酸《さん》性《せい》とアルカリ性《せい》

酸性《さんせい》、アルカリ性《せい》とは、なにかを水《みず》にとかしたときの性質《せいしつ》。酸性《さんせい》の液体《えきたい》は金属《きんぞく》をとかしやすく、アルカリ性《せい》はたんぱく質《しつ》(人体《じんたい》もたんぱく質《しつ》)をとかしやすいの。酸性《さんせい》は酸《す》っぱく、アルカリ性《せい》は苦《にが》いけれど、危険《きけん》だからなめてはだめ！　またターメリックをしみこませた紙《かみ》は、アルカリ性《せい》のものを調《しら》べる実験《じっけん》にも使《つか》われているのよ。

サイエンスマジックにちょうせん！

カレーに入《はい》っている黄色《きいろ》のスパイス・ターメリック（うこん）に含《ふく》まれるクルクミンは、アルカリ性《せい》のものと反応《はんのう》すると真《ま》っ赤《か》になる性質《せいしつ》があるわ。しかも、一度《いちど》赤《あか》くなってしまったあとに酸性《さんせい》のものとふれあうと、まるでマジックのように元《もと》の黄色《きいろ》にもどるのよ。

やりかた

1 白《しろ》い紙《かみ》をターメリックでそめよう。

黄色《きいろ》くそめよう

▶なべなどにターメリックとお湯《ゆ》を入《い》れ、紙《かみ》にしみこませたら、かわかそう。

2 酸性《さんせい》、アルカリ性《せい》の液体《えきたい》を用意《ようい》しよう。

レモン水《すい》
石《せっ》けん水《すい》

▲石《せっ》けんや重曹《じゅうそう》を水《みず》に溶《と》かしたアルカリ性《せい》の液体《えきたい》（右《みぎ》）と、レモンなど酸《す》っぱいものをしぼった液体《えきたい》（左《ひだり》）を用意《ようい》する。

3 アルカリ性《せい》の液体《えきたい》で文字《もじ》を書《か》いてみよう。

文字《もじ》が赤《あか》くうき出《で》る！

酸性《さんせい》の液体《えきたい》でなぞると…
文字《もじ》が消《き》えた！

レモンの他《ほか》にも酸《す》っぱい液体《えきたい》はあるかしら？

用意《ようい》するもの

ターメリック、コーヒーフィルター（白色《はくしょく》）、水《みず》、なべ、レモン水《すい》、石《せっ》けん水《すい》（重曹水《じゅうそうすい》でもOK《オーケー》）、筆《ふで》

GABAN
ターメリック

実験《じっけん》プラス 色《いろ》が変《か》わる焼《や》きそば!?

麺《めん》に含《ふく》まれている「かん水《すい》」はアルカリ性《せい》の成分《せいぶん》。カレー粉《こ》を加《くわ》えて加熱《かねつ》すると反《はん》応《のう》して真《ま》っ赤《か》な色《いろ》になるよ。食《た》べる前《まえ》にレモンなどをかければ、元《もと》の色《いろ》にもどるの。

黄色《きいろ》い
麺《めん》が…

温《あたた》めると…
赤《あか》くなる！

レモンやソースで…
もどる！

▲レモンはもちろん、ソースでもOK《オーケー》。ソースは野菜《やさい》や酢《す》などで作《つく》られた酸性《さんせい》の液体《えきたい》なんだ。

2 はじけるシュワシュワドリンクを作《つく》ろう!

やりかた

① 重曹《じゅうそう》とクエン酸《さん》をそれぞれ水《みず》に溶《と》かそう。

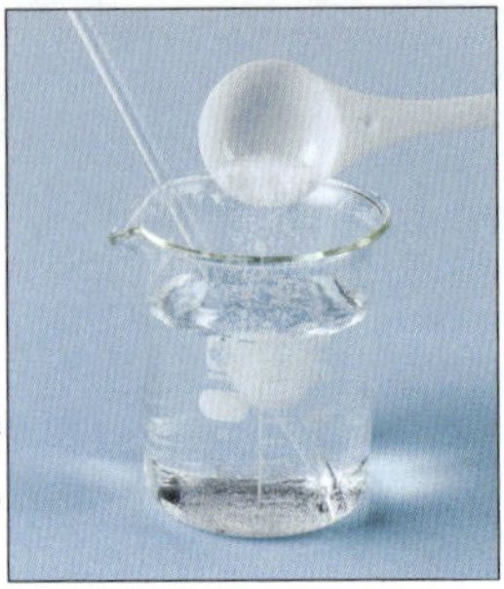

▶2種類《しゅるい》の粉《こな》をいっぺんに水《みず》に入《い》れると、はげしくふき出《だ》してしまう。それぞれ水《みず》に溶《と》かしてからまぜよう。

② 2つの液体《えきたい》を混《ま》ぜよう。

クエン酸水《さんすい》
重曹水《じゅうそうすい》

シュワワワ
あわが立《た》って…
ひと口《くち》飲《の》んでみよう
すっぱしょっぱい
ソーダになった!!

おかしをふくらませたり、昔《むかし》は胃薬《いぐすり》としても使《つか》われた重曹《じゅうそう》は、アルカリ性《せい》の食品《しょくひん》。クエン酸《さん》は、レモンなどの酸《す》っぱい成分《せいぶん》。酸《さん》性《せい》とアルカリ性《せい》のふたつを水《みず》に溶《と》かして混《ま》ぜ合《あ》わせると、シュワシュワと二酸化炭素《にさんかたんそ》のあわができて、ソーダ水《すい》になるのよ。

用意《ようい》するもの

冷《つめ》たい水《みず》200ml《ミリリットル》、食用重曹《しょくようじゅうそう》・クエン酸《さん》それぞれ2グラム(小《こ》さじ1/2)ぐらい

実験《じっけん》プラス

ソーダをおいしくしよう

実験《じっけん》でできたソーダはおいしくない。ハチミツやレモン、かき氷《ごおり》のシロップなどを加《くわ》え、氷《こおり》で冷《ひ》やすとおいしくなるよ。

レモン、はちみつ、氷《こおり》を入《い》れて…

ソーダ水《すい》とシロップで完成《かんせい》!

3 光《ひか》るキャンディを探《さが》してみよう!

用意《ようい》するもの
UV《ユーブイ》ライト、いろいろなキャンディ

やりかた

① いろいろなキャンディを並《なら》べてみよう。

キャンディーが光《ひか》る!?

きれー★

よく光《ひか》るのはどれかな?

② まわりを暗《くら》くしてUV《ユーブイ》ライトを当《あ》ててみよう。

人《ひと》の肌《はだ》を日焼《ひや》けさせる「紫《し》外線《がいせん》(UV《ユーブイ》)」という光線《こうせん》を当《あ》てると、光《ひか》り出《だ》すものがあるんだ。この光《ひかり》を蛍光《けいこう》と呼《よ》ぶよ。蛍光《けいこう》ペンのようにふつうの明《あか》るさでも光《ひか》って見《み》えるものから、紫外線《しがいせん》ライトを当《あ》てたときだけ見《み》えたり、強《つよ》く光《ひか》るものもある。キャンディは、宝《ほう》石《せき》のように光《ひか》るものが多《おお》いので、どれがよく光《ひか》るか探《さが》してみよう。

実験《じっけん》プラス
光《ひか》るものを探《さが》してみよう

お札《さつ》
ハンコが光《ひか》る

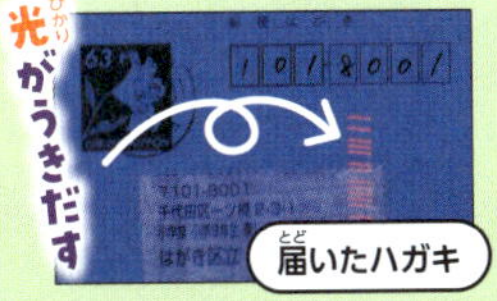

光《ひかり》がうきだす
届《とど》いたハガキ

UV《ユーブイ》ライトで光《ひか》る性質《せいしつ》は、くらしのいろいろな場《ば》所《しょ》で使《つか》われているよ。お札《さつ》は偽造防止《ぎぞうぼうし》に。ポストに入《い》れた郵便物《ゆうびんぶつ》には目《め》に見《み》えないインキでバーコードが印《いん》刷《さつ》され、配達《はいたつ》に役立《やくだ》っている。身近《みぢか》なものから光《ひか》るものを探《さが》したら、なぜ光《ひか》るのか、考《かんが》えるのも面白《おもしろ》いね。

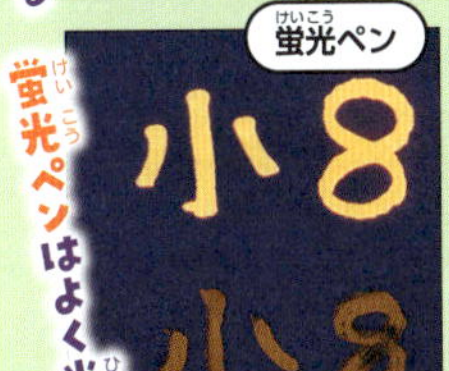

蛍光《けいこう》ペン
小8
小8
ふつうのペン
蛍光《けいこう》ペンはよく光《ひか》る

8ページから科学《かがく》の知識《ちしき》を使《つか》った、推理《すいり》まんがが始《はじ》まるよ!

名探偵コナン 灰原哀の科学事件《サイエンストリック》ファイル

目次《もくじ》

コナンと灰原《はいばら》が、さまざまな事件《じけん》を
科学知識《かがくちしき》と名推理《めいすいり》で解決《かいけつ》するぞ。
さらに実験《じっけん》ページを読《よ》んで
実験《じっけん》にもチャレンジ！
科学知識《かがくちしき》を深《ふか》めよう。

灰原哀《はいばらあい》
コナンと同《おな》じく薬《くすり》で小《ちい》さくなった科学者《かがくしゃ》。持《も》ち前《まえ》の科学知識《かがくちしき》で事件《じけん》を解決《かいけつ》！
江戸川《えどがわ》コナン
見《み》た目《め》は子《こ》どもの名探偵《めいたんてい》。その正体《しょうたい》は、小《ちい》さくなった高校生探偵《こうこうせいたんてい》・工藤新一《くどうしんいち》。
円谷光彦《つぶらやみつひこ》
真面目《まじめ》で物知《ものし》り。少年探偵団《しょうねんたんていだん》の頭脳派《ずのうは》だ。
吉田歩美《よしだあゆみ》
元気《げんき》で明《あか》るい、少年探偵団《しょうねんたんていだん》のアイドル！
阿笠博士《あがさはかせ》
コナンたちを支《ささ》える、心優《こころやさ》しい発明家《はつめいか》。
小林澄子《こばやしすみこ》
コナンたちの担《たん》任教師《にんきょうし》で、探偵《たんてい》団《だん》の顧問《こもん》。
小嶋元太《こじまげんた》
大食《おおぐ》いの力持《ちからも》ち。自称《じしょう》・探偵団《たんていだん》の団長《だんちょう》!?
※小林先生は次巻で登場予定です。

毛利小五郎《もうりこごろう》
蘭《らん》の父《ちち》。コナンのおかげで有名《ゆうめい》になった探偵《たんてい》だ。
怪盗《かいとう》キッド
あざやかに盗《ぬす》む、変装《へんそう》が得意《とくい》な大怪盗《だいかいとう》。
鈴木園子《すずきそのこ》
蘭《らん》の親友《しんゆう》。鈴木財閥《すずきざいばつ》のおじょうさま。
毛利蘭《もうりらん》
強《つよ》くて優《やさ》しい、新一《しんいち》の幼《おさな》なじみ。

CASE1：

血《ち》ぬられたドアと光《ひか》る目《め》

うわああ
あわわ…
血《ち》だらけだ…!!
「すごい発明《はつめい》をしたから見《み》に来《き》てくれ」って、博士《はかせ》から連絡《れんらく》もらったのに…。
なにが起《お》こったの!?
けっこんをおえ
「けっこんをおえ」…。
けっこんをおえ
これは事件《じけん》のニオイがするわね。
ああ。
気《き》をつけて中《なか》に入《はい》るぞ。
ガチャ

とりあえずけっこん…血《ち》のあとを追《お》ってみよう。
…おかしいわね。
ああ。
な、なにがです？
血《ち》なら鉄棒《てつぼう》にさわった後《あと》のような独特《どくとく》のにおいがするはずなのに…。
確《たし》かに…鉄棒《てつぼう》というより、なにかいいにおいがしますね。
おい、このシミキッチンのほうにつづいてんぞ！
ここで血《ち》のあとがなくなってるよ。
これは…。
この中《なか》にある
〝はんたいのはんたい〟の
魔法《まほう》で手形《てがた》を消せ

開《あ》けてみようぜ！
あれ？
ガチャ
りんごジュースとふくらし粉《こ》が入《はい》ってますね。
りんごジュースうまそう…。
りんご100
ふくらし粉
あっ…この手紙《てがみ》の意味《いみ》ってもしかして…。
反対《はんたい》のはんたいだから…さんせー、賛成《さんせい》!?
おっ、歩美《あゆみ》ちゃんよくわかったな！
えへへー！
…と言《い》っても、「さんせい」ちがいだけどな。
この場合《ばあい》は「酸性《さんせい》」のほうさ。

この中《なか》で酸性《さんせい》のものはりんごジュース。
これをこの手紙《てがみ》にかけると…。
トクトク
あ…、手形《てがた》が消《き》えていく！
この中《なか》にある"はんたいのはんたい
魔法《まほう》で手形《てがた》を消《け》
この紙《かみ》はおそらくあざやかな黄色《きいろ》のスパイス、ターメリックで染《そ》めているのね。
この中にある"はんたいのはんたい"の魔法《まほう》で手形《てがた》を消《け》せ
ターメリックにふくまれる成分《せいぶん》は、石《せっ》けんのついた手《て》でさわると赤《あか》く変色《へんしょく》し、
逆《ぎゃく》にりんごやレモンなど酸性《さんせい》のものにふれると元《もと》の黄色《きいろ》にもどる性質《せいしつ》があるのよ。
手形《てがた》が消《き》えたらなんか赤《あか》い字《じ》が書《か》いてあるぞ！
「魔法《まほう》をかけるささげものをわすれるな！」
魔法《まほう》をかけるささげものをわすれるな！
ど、どういうことでしょうか…。
パッ
わっ！
やだー停電《ていでん》!?

真《ま》っ暗《くら》だぞ。
あっ、ちょうどここに懐中電灯《かいちゅうでんとう》がありますよ！
あれ？紫色《むらさきいろ》のライト!?
カチッ
ギラ
うわあああ!!
われは魔法使《まほうつか》い…うつわにさんせいでないものをささげよさすれば魔法《まほう》をかけよう…。

さ、さんせいでないもの…それで魔法《まほう》をかけるって!?
酸性《さんせい》じゃないならアルカリ性《せい》。
ガサッ
ささげものはこれね。
これは…。
さっきのふくらし粉《こ》!!
ふくらし粉《こ》
サラ
サラ
ふくらし粉
プッー
ポチャ
シュワァアアァ
うわあああぁ!!
ふはははは、わが目玉《めだま》で魔《ま》法《ほう》薬《ぐすり》の完成《かんせい》じゃ——!!

もう十分《じゅうぶん》だろ
魔《ま》法《ほう》博士《はかせ》?
え!?
なんじゃ、もう少《すこ》し楽《たの》しみたかったのに。
バレバレなんだよ…。
…ったく、わざわざ変声機《へんせいき》で声《こえ》まで変《か》えて。
ははは
声《こえ》でバレたら台無《だいな》しじゃろ?
これはビタミンキャンディね。
このキャンディに使《つか》われている色素《しきそ》はブラックライトを当《あ》てると光《ひか》る性質《せいしつ》があるわ。
じゃあ、さっきの懐中電灯《かいちゅうでんとう》がブラックライトで、光《ひか》る目《め》がキャンディだったってことですか…!?

そしてキャンディにふくまれている
酸《す》っぱさのもと、クエン酸《さん》が、
ふくらし粉《こ》と反応《はんのう》すると
炭酸《たんさん》ができるの。
そうか！それでブクブクあわが出《で》たんだ！
そのとおりじゃ！
これで酸性《さんせい》、アルカリ性《せい》のことがよくわかったじゃろう？
さあ、実験《じっけん》で使《つか》ったターメリックでおいしいカレーをたっぷり作《つく》って、みんなでカレーパーティーをしようじゃないか！
やったーー!!
博士《はかせ》、このためにわざわざこんな手《て》のこんだことをしたのかよ…。
あら、でもあの子《こ》たちにはいい勉強《べんきょう》になったんじゃない？
灰原《はいばら》…。
じつはオメーもさんせいして手伝《てつだ》ったんじゃねーか…？
さあ？

まんがのおさらい

酸《さん》とアルカリで作《つく》るお化《ば》けやしき？

真《ま》っ赤《か》な手形《てがた》はターメリックがアルカリと反応《はんのう》したもの

酸《さん》とアルカリであわがふき出《だ》す！

カレーで使《つか》われる黄色《きいろ》い粉《こな》・ターメリック(うこん)は、アルカリ性《せい》のものと反応《はんのう》すると赤《あか》く、酸性《さんせい》と反応《はんのう》すると黄色《きいろ》にもどるの。この性質《せいしつ》を利用《りよう》して、博士《はかせ》は石《せっ》けんで赤《あか》い手形《てがた》をつけ、私《わたし》たちは酸性《さんせい》のジュースで手形《てがた》を消《け》したのよ。

あわをふいたトリックも、同《おな》じように酸性《さんせい》とアルカリ性《せい》の性《せい》質《しつ》を利用《りよう》したもの。クエン酸《さん》を溶《と》かした水《みず》に、ふくらし粉《こ》(重《じゅう》曹《そう》)が混《ま》ざると、二酸化炭素《にさんかたんそ》が発生《はっせい》してシュワシュワとあわ立《だ》つわ。炭酸飲料《たんさんいんりょう》も、同《おな》じ二酸化《にさんか》炭素《たんそ》が入《はい》っているのよ。

いろいろな温泉《おんせん》をめぐる『おくとぱすの温泉《おんせん》ゆでだこチャンネル』。
今日《きょう》は山上荘《やまがみそう》の温泉《おんせん》に来《き》てます！
あ〜、うわさどおりのいいお湯《ゆ》…。
ん⁉
なんだこれ⁉
う…。
おお
おお
——ここが博士《はかせ》の知《し》り合《あ》いがやってる温泉旅館《おんせんりょかん》か？閉《し》まってるじゃねーか。
硫黄《いおう》のにおいがする…天然温泉《てんねんおんせん》ね。
でもここって確《たし》か、今《いま》ネットでバズってる旅館《りょかん》よね。
そ、そうなのか？
くわしくは知《し》らないけど温泉《おんせん》に入《はい》った人間《にんげん》は天狗《てんぐ》に呪《のろ》われるとか…。
天狗《てんぐ》〜⁉

呪
CASE2：
呪《のろ》われし温泉宿《おんせんやど》のなぞ
ここの主人《しゅじん》…たかしさんじゃが、ここ数年《すうねん》旅館経営《りょかんけいえい》が厳《きび》しくてすっかりまいってしまってのう。
心労《しんろう》で入院《にゅういん》してしまったらしいんじゃ。
そうなんです。
主人《しゅじん》がたおれてからもがんばっていましたが、私《わたし》たちだけではどうにもならず…。
山上荘《やまがみそう》　女将《おかみ》
しの
旅館手伝《りょかんてつだ》い
児玉《こだま》

そこへ呪《のろ》いのうわさでお客様《きゃくさま》をお泊《と》めするわけにもいかず休館《きゅうかん》したんです。
科学者《かがくしゃ》の阿笠《あがさ》さんならなにかおわかりになるかと思《おも》い、お呼《よ》びしました。
いやしかし、まさか呪《のろ》いとは…。
なるほど、それで私《わたし》たちも連《つ》れて来《き》たのね。
オレと灰原《はいばら》で呪《のろ》いの正体《しょうたい》をあばけってか？
シーッ！
たかしさんを助《たす》けると思《おも》って協力《きょうりょく》してくれ。
――これが話題《わだい》の動画《どうが》です。
おくとぱすって温泉《おんせん》ヨーチューバーのチャンネルで。
温泉《おんせん》ヨーチューバーってなんだよ…。
いろいろな温泉《おんせん》をめぐる『おくとぱすの温泉《おんせん》ゆでだこチャンネル』！
おくとぱす…それでタコのかぶり物《もの》ってわけね。
なんだこれ…。
うわあああ!!
！
呪
すごいでしょ、これがバズって。
ま…まさか本当《ほんとう》に天狗《てんぐ》の呪《のろ》いが…!?
そう、この旅館《りょかん》は呪《のろ》われている…！

あんたたち……!
こんな古《ふる》い建物《たてもの》に呪《のろ》いとあっては、もう経営《けいえい》を続《つづ》けるなんて無理《むり》でしょう。
いいかげん旅館《りょかん》をたたむ決心《けっしん》をしてくださいよ。
おたくの借金《しゃっきん》はうちのリゾート開発会社《かいはつがいしゃ》が肩代《かたが》わりするとまで言《い》ってるんです。
これ以上《いじょう》の条件《じょうけん》はありませんよ。
でもこの旅館《りょかん》は主人《しゅじん》がずっと大事《だいじ》に守《まも》って……!!
ごちゃごちゃうるせえんだよ、もうあきらめろ!!
やめなさい子《こ》どもの前《まえ》で!
なんだ、あんた。
こ、ここの主人《しゅじん》の知《し》り合《あ》いじゃ。
フン、こんな旅館《りょかん》に関《かか》わって呪《のろ》われても知《し》らねえぜ!

まさか、あやつらが立《た》ちのきさせるためにわざと呪《のろ》いの騒動《そうどう》を起《お》こしたんじゃ…。
……。
ねー、ここが呪《のろ》いの温泉《おんせん》!?
ええ～閉鎖《へいさ》してんの?
閉鎖中
マジで～!?
観光客《かんこうきゃく》か…。
せっかく、おくとぱすの動画《どうが》見てわざわざ来《き》たのに～。
わざわざ来《き》た…、
そうか…。
どこに行《い》くんじゃ新一《しんいち》くん!
露天風呂《ろてんぶろ》さ!
ダッ
呪《のろ》いの犯人《はんにん》はべつにいる!!
まずは呪《のろ》いの正体《しょうたい》をあばこう。
灰原《はいばら》ならもうわかってんだろ?
まあね…。
犯人《はんにん》は、どうやってあの呪《のろ》いを作《つく》ったのか。

この温泉《おんせん》はガスが出《で》る硫黄泉《いおうせん》。
動画《どうが》ではタオルを持《も》って、湯船《ゆぶね》につかってから天狗《てんぐ》の絵《え》と『呪《のろい》』の文字《もじ》が黒《くろ》くうかんだ。
呪
温泉《おんせん》のガスにふれたことで変色《へんしょく》するもの…。
見《み》つけたわ、呪《のろ》いの正体《しょうたい》。
銀《ぎん》イオン
除菌《じょきん》
スプレー
つめかえ
除菌液《じょきんえき》…!?
さあ出番《でばん》だぜ、博士《はかせ》!
こ、これが呪《のろ》い!?
オホン
そうです!
パク
パク

銀《ぎん》イオン成分《せいぶん》を含《ふく》む除菌液《じょきんえき》であらかじめタオルに天狗《てんぐ》の絵《え》と『呪《のろい》』の文字《もじ》を書《か》き、温泉《おんせん》に入《はい》ると…。
その成分《せいぶん》が温泉《おんせん》の硫黄《いおう》のガスで反応《はんのう》し、書《か》いた部分《ぶぶん》が黒《くろ》く変色《へんしょく》する…。
これが呪《のろ》いの正体《しょうたい》です。
そしてヨーチューバーの正体《しょうたい》は、
児玉《こだま》さんあなたですね!!
『おくとぱす』は英語《えいご》でタコ。
コダマは逆《ぎゃく》に読《よ》むとマダコ。
つまりこれは児玉《こだま》さん、あなたの自作自演《じさくじえん》というわけじゃ!!
う…あ…。
児玉《こだま》さん、本当《ほんとう》にそうなの?
すみません女将《おかみ》さん…。
おれのチャンネルで動画《どうが》がバズれば、物《もの》めずらしさに客《きゃく》がもっと来《く》ると思《おも》ったんだ…。
でもおれのせいでこんなことに…。
児玉《こだま》さん、ありがとう…。でもうちはここの温泉《おんせん》に入《はい》ってホッとしてくれる、そんなお客様《きゃくさま》がいらしてくだされば それでいいのよ…。
ホッとしてくれる…。

※旅館や公衆浴場の温泉で許可なくまんがのトリックを実験するのはお止め下さい。硫黄のガスは吸い続けると危険です。

後日《ごじつ》
あれ？ こここの前《まえ》の…。
今《いま》ネットで再《さい》バズリ中《ちゅう》の山上荘《やまがみそう》！
大《おお》バズり！温泉《おんせん》宿《やど》特集《とくしゅう》
山上荘
あたたかいサービス、レトロな外観《がいかん》が味《あじ》わい深《ぶか》く、また温泉《おんせん》は美人《びじん》の湯《ゆ》として連日《れんじつ》満員《まんいん》だそうです!!
『おくとぱす』が改《あらた》めて山上荘《やまがみそう》を紹介《しょうかい》したのよ。
今度《こんど》は正攻法《せいこうほう》とか？
客《きゃく》が来《く》るのはいいけど…美人《びじん》の湯《ゆ》なんて勝手《かって》につけていいのかよ？
あら、知《し》らないの？硫黄泉《いおうせん》は美肌《びはだ》になるのよ。
あの後《あと》、おくとぱすに教《おし》えてあげたの。
美肌《びはだ》に…本当《ほんとう》かの？
本当《ほんとう》に決《き》まってるじゃない。
科学《かがく》はうそをつかないわ。

灰原哀《はいばらあい》の科学《かがく》実験室《じっけんしつ》2 Ai's Labo《アイズラボ》 ～色《いろ》が変《か》わる・文字《もじ》がうき出《で》るしくみ～

手《て》に入《はい》りやすい身近《みぢか》なものを使《つか》い、色《いろ》が出《て》たり消《き》えたりする実験《じっけん》をしてみましょう。

まんがのおさらい

銀《ぎん》は温《おん》泉《せん》で黒《くろ》くなる!?

除菌液《じょきんえき》にふくまれる銀《ぎん》と、温泉《おんせん》から出《で》る硫黄《いおう》のガスが化学反応《かがくはんのう》を起《お》こし、透明《とうめい》な液《えき》が黒《くろ》くなったのよ。

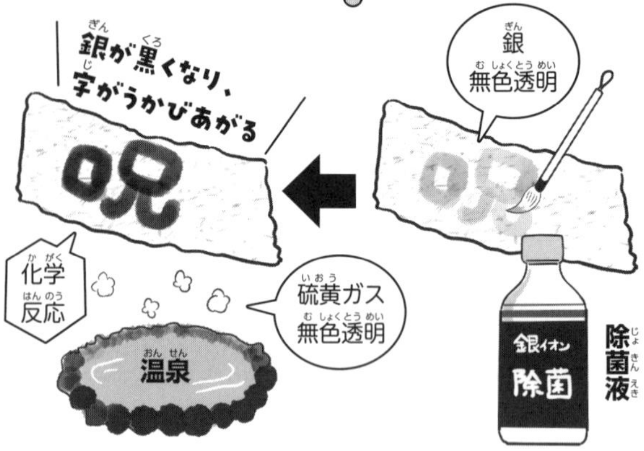

まめちしき

なぜ温《おん》泉《せん》で美《び》肌《はだ》に？

温泉《おんせん》に溶《と》けていた硫黄《いおう》は、毛穴《けあな》につまった汗《あせ》やあぶらをとかす効果《こうか》があるの。よごれがとれて、肌《はだ》がつるつるになるわ。

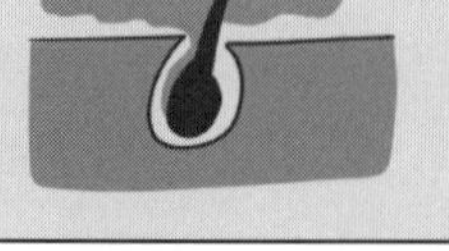

⚠おうちのかたへ

硫黄泉《いおうせん》のガスは吸《す》い続《つづ》けると危険《きけん》です。管理《かんり》された温浴場《おんよくじょう》でも長時間《ちょうじかん》吸《す》わないようにご注意下《ちゅういくだ》さい。硫黄泉《いおうせん》の市販品《しはんひん》の使用《しよう》はお控《ひか》え下《くだ》さい。

チャレンジ1 白紙《はくし》に文字《もじ》がうき出《で》る！

白紙《はくし》に液《えき》で文字《もじ》を書《か》いてあぶるとうき出《で》る「あぶり出《だ》し」。液《えき》の成分《せいぶん》が、まわりの紙《かみ》よりも早《はや》くこげるため、文字《もじ》がうき出《で》るよ。液《えき》の種類《しゅるい》によって色《いろ》の濃《こ》さが変《か》わるよ。

用意《ようい》するもの

ミカン、レモン、ヨーグルト、塩《しお》、白紙《はくし》、コップ、筆《ふで》、電気《でんき》コンロなど

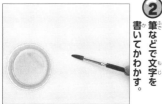

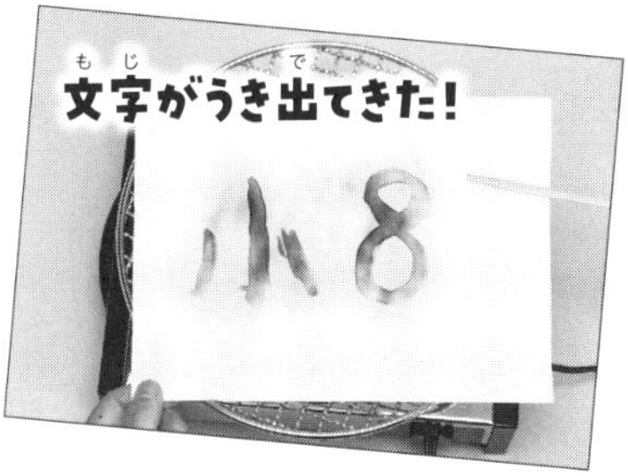

やりかた

1 比《くら》べてみるためいろいろな液《えき》を用意《ようい》。

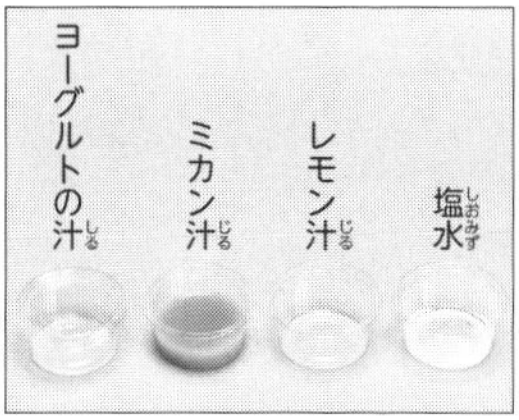

▲ヨーグルトはキッチンペーパーでこした透明《とうめい》な液《えき》を使《つか》おう。みかんやレモンのしぼり汁《じる》も、しばらく置《お》いておくと液《えき》の上《うえ》の方《ほう》が透明《とうめい》になるよ。

2 筆《ふで》などで文字《もじ》を書《か》いてかわかす。

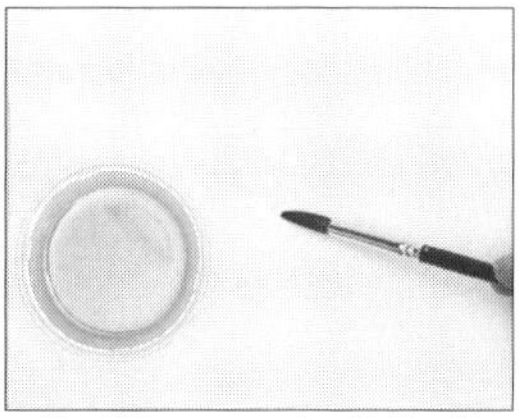

▲液《えき》が透明《とうめい》なので、書《か》く内容《ないよう》を先《さき》に決《き》めてから一気《いっき》に書《か》こう。書《か》き終《お》わったら風通《かぜとお》しのいい場所《ばしょ》に置《お》いてしっかりかわかそう。

3 ゆっくり温《あたた》める。

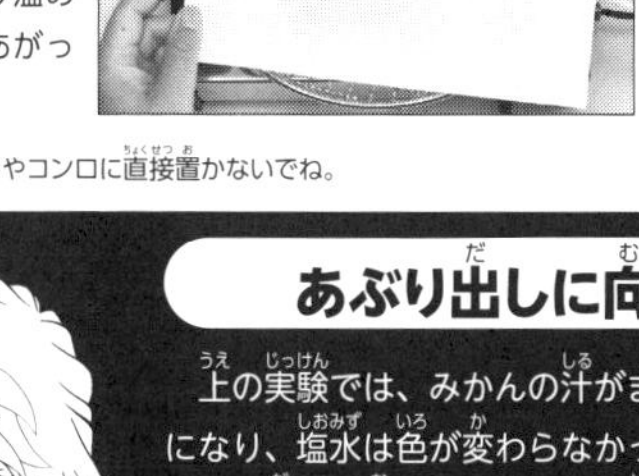

液《えき》がついているふちの部分《ぶぶん》からうき出《で》てきた！

ホットプレートや電気《でんき》コンロでゆっくり温《あたた》めると文字《もじ》がうきあがってくるよ。

※紙《かみ》は絶対《ぜったい》にプレートやコンロに直接《ちょくせつ》置《お》かないでね。

あぶり出《だ》しに向《む》いている液体《えきたい》を探《さが》そう

上《うえ》の実験《じっけん》では、みかんの汁《しる》がまず茶色《ちゃいろ》になり、塩水《しおみず》は色《いろ》が変《か》わらなかったわ。あぶり出《だ》しに向《む》いているのは、糖分《とうぶん》、カリウム、たんぱく質《しつ》が入《はい》った液体《えきたい》よ。飲《の》み物《もの》のラベルには栄養成分表示《えいようせいぶんひょうじ》があるから、確認《かくにん》して試《ため》してみましょう。

成分《せいぶん》を見《み》よう！

⚠実験《じっけん》は必《かなら》ずおうちの人《ひと》といっしょにやってね。

チャレンジ 2

水《みず》につけると読《よ》める手紙《てがみ》

用意《ようい》するもの

石《せっ》けん、折《お》り紙《がみ》、トレー、水《みず》

水《みず》にうかべると文字《もじ》が出《で》てくる！

やりかた

① 石《せっ》けんで折《お》り紙《がみ》の裏《うら》から文字《もじ》を書《か》く。

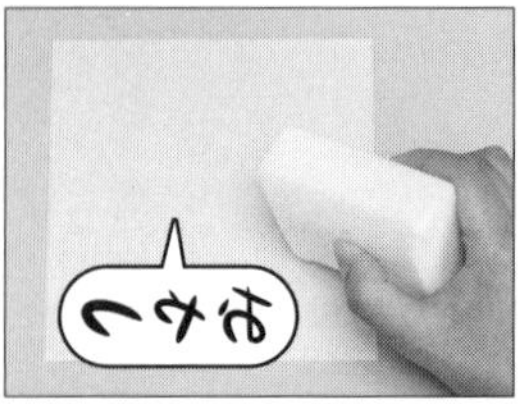

▲文字《もじ》を反転《はんてん》させた「鏡文字《かがみもじ》」で文字《もじ》を書《か》こう。かんたんな言葉《ことば》がいいよ。

② 折《お》り紙《がみ》の表《おもて》を上《うえ》にして水《みず》につける。

▲水面《すいめん》にうかべるように折《お》り紙《がみ》を水《みず》につけよう。

折《お》り紙《がみ》に石《せっ》けんで書《か》いたメッセージの部分《ぶぶん》だけが早《はや》く水《みず》がしみこむので、文字《もじ》がうきあがってくるよ。白《しろ》い裏面《りめん》に書《か》くので、石《せっ》けんのあとは目立《めだ》たない。何《なに》もないところから文字《もじ》がうき出《で》て不思議《ふしぎ》な感《かん》じがするよ。

まめちしき 石《せっ》けんは水《みず》をしみこませる

石《せっ》けんあり

水《みず》を吸《す》いこむ

石《せっ》けんなし

水《みず》をはじく

水《みず》には表面張力《ひょうめんちょうりょく》があるので、紙《かみ》や布《ぬの》の上《うえ》に水《みず》をこぼしても、すぐしみこまずに丸《まる》い水滴《すいてき》になる。石《せっ》けんをつけると、紙《かみ》や布《ぬの》などのすきまに水《みず》が入《はい》りこみやすくなるわ。

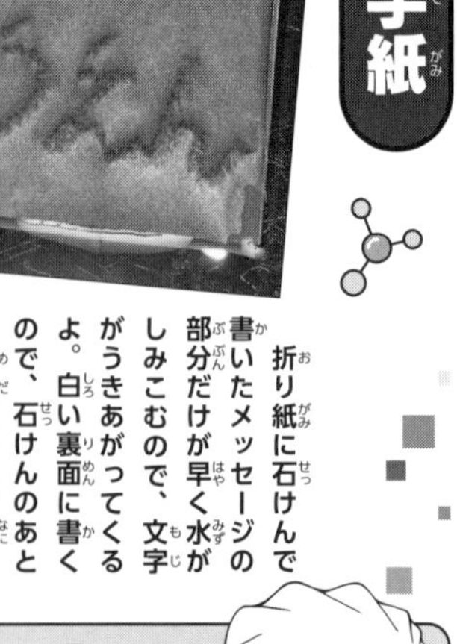
洗剤《せんざい》で服《ふく》のよごれが落《お》ちやすいのはこのためよ。

チャレンジ3

茶色《ちゃいろ》のうがい薬《ぐすり》が透明《とうめい》に！

茶色《ちゃいろ》の液体《えきたい》に

レモン汁《じる》をたらすと

透明《とうめい》になって

うしろの絵《え》が見《み》えた！

用意《ようい》するもの

うがい薬《ぐすり》(ヨードの入《はい》ったもの)
レモン汁《じる》、水《みず》、コップ

やりかた

① うがい薬《ぐすり》と水《みず》をまぜる。

② うがい薬《ぐすり》にレモン汁《じる》を入《い》れてかきまぜる。

一定量《いっていりょう》入《い》れると、液《えき》が透明《とうめい》になるよ。

濃《こ》い茶色《ちゃいろ》のうがい薬《ぐすり》にはヨウ素《そ》(ヨード)が、レモンにはビタミンC《シー》が入《はい》っているよ。これらの成分《せいぶん》が混《ま》ざって化学反応《かがくはんのう》を起《お》こすと、ヨウ素《そ》の色《いろ》がぬけて透明《とうめい》になるよ。

実験《じっけん》して
自分《じぶん》の目《め》で
確《たし》かめてみてね！

まめちしき

うすめたうがい薬《ぐすり》とごはんで青《あお》紫《むらさき》色《いろ》にもなる！

うす茶色《ちゃいろ》のヨウ素《そ》は、ごはんに入《はい》っている「でんぷん」と反応《はんのう》すると青紫色《あおむらさきいろ》になる性質《せいしつ》もあるわ。うがい薬《ぐすり》をごはんつぶにたらしてみると、色《いろ》が変《か》わる様子《ようす》を観察《かんさつ》できるわよ。

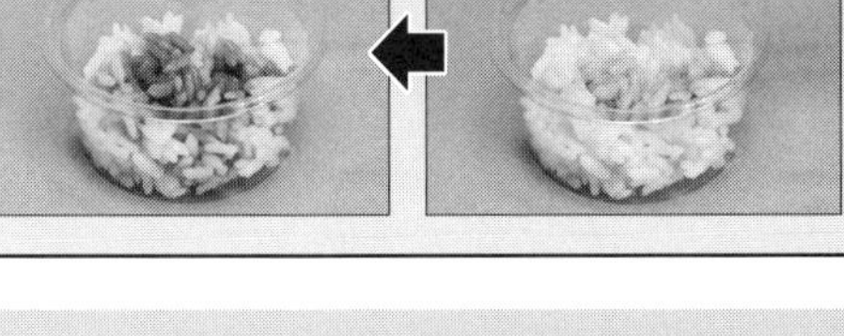
うす茶色《ちゃいろ》から
青紫色《あおむらさきいろ》に

18、
19、
20…。
あっ、あった電話《でんわ》！
ああ俺《おれ》だ必要《ひつよう》なのはなんだ…。
うん、わかった……と、……だな。
…暑《あつ》い…。
もう秋《あき》なのに…
…97、
98、
CASE3:
感電《かんでん》!?
電話《でんわ》ボックス
（前編《ぜんぺん》）

99、ひゃーく!!
もーいいかーーい!
もーー、
いーーよーー!!
やれやれ かくれんぼなんて 何年《なんねん》ぶりだ…?
子《こ》どもとして 子《こ》どもの相手《あいて》を するのも 大変《たいへん》ね…。
ふぅ…。
ちょっと、休《やす》もう。
ドサ
スッ

この暑《あつ》い中《なか》
あの格好《かっこう》…、
ギッ
怪《あや》しいわね…。
ガチャ
……。
哀《あい》ちゃん見《み》ーーっけ!!
!!
ぐわあああ!!

ザッ
ドッ
きっ…、

＊落雷《らくらい》などで人体《じんたい》に高電圧《こうでんあつ》の電気《でんき》が流《なが》れたときに、皮膚上《ひふじょう》に現《あらわ》れる木《き》の枝《えだ》が広《ひろ》がったような模様《もよう》。

だけどなんで突然《とつぜん》!?
ザワ ザワ
こんな所《ところ》で感電《かんでん》なんて…。
そういえばあなた、この人《ひと》より先《さき》に電話《でんわ》ボックスに入《はい》りましたよね?
なんともないんですか?
ええ、べつに…って、まさか僕《ぼく》を疑《うたが》ってます!?
あんたがなにか仕掛《しか》けたんじゃないのか?
ワイ ワイ
この人《ひと》だけ無事《ぶじ》なんておかしいよな。
そ、そんな!!
スマホを忘《わす》れたんで、妻《つま》に頼《たの》まれた買《か》い物《もの》を確認《かくにん》しようと電話《でんわ》しただけで…。
!
おじさんなにしてるの?
水《みず》が入《はい》ったジョウロやゴムホースを片《かた》づけてるのさ。
もし電気《でんき》がどこかからもれていて、それに水《みず》がかかったら危《あぶ》ないからね。
フーン…。

この感電《かんでん》は間違《まちが》いなく電話《でんわ》からだけど…。
あの人《ひと》が短時間《たんじかん》で高圧電流《こうあつでんりゅう》が流《なが》れる装置《そうち》を電話機《でんわき》に仕込《しこ》むのは難《むずか》しい。
これはおそらく第三者《だいさんしゃ》の犯行《はんこう》だ。
でもどうやって？遠隔操作《えんかくそうさ》かしら…。
絶対《ぜったい》になにかしかけがあるはず…。
これは…。
ガラ
ガラ
管理人《かんりにん》さん。
な、なんだい？

こんなよい天気《てんき》で暑《あつ》い中《なか》、しかもお昼時《ひるどき》に、
わざわざ水《みず》やり大変《たいへん》ね。
でも…、
どうして塩水《しおみず》をかけているの？
塩水《しおみず》!?そうか！
なにを言《い》うんだい、
あの水栓《すいせん》の水道水《すいどうすい》で普通《ふつう》に水《みず》やりしてたよ。
これは事故《じこ》じゃない、事件《じけん》だ。
そう、事件《じけん》の手《て》がかりは…。
これよ！
!?

CASE3：感《かん》電《でん》!? 電《でん》話《わ》ボックス（後《こう》編《へん》）

落雷《らくらい》だとその可能性《かのうせい》があるけど、今日《きょう》はそんな天気《てんき》じゃないわよね。
被害者《ひがいしゃ》は電話中《でんわちゅう》に倒《たお》れた…。
つまり、どこかから電話《でんわ》ボックスに電気《でんき》が流《なが》れこんだのよ。
単《たん》に、電話機《でんわき》が壊《こわ》れてて感電《かんでん》したんだろ？
もしくは、やっぱり先《さき》に電話《でんわ》していた人《ひと》がなにか細工《さいく》を…。
ボクが感電《かんでん》した人《ひと》に近《ちか》づいたとき…、
電話《でんわ》ボックスからヘビがはったような跡《あと》が花壇《かだん》に続《つづ》いてたのを見《み》たんだよね。
管理人《かんりにん》さん、さっきゴムホースを巻《ま》き取《と》ってジョウロと一緒《いっしょ》に急《いそ》いで片《かた》づけてたよね？
それは出《だ》しっぱなしだと危《あぶ》ないから…。
そう？

＊高電圧蓄電器《こうでんあつちくでんき》

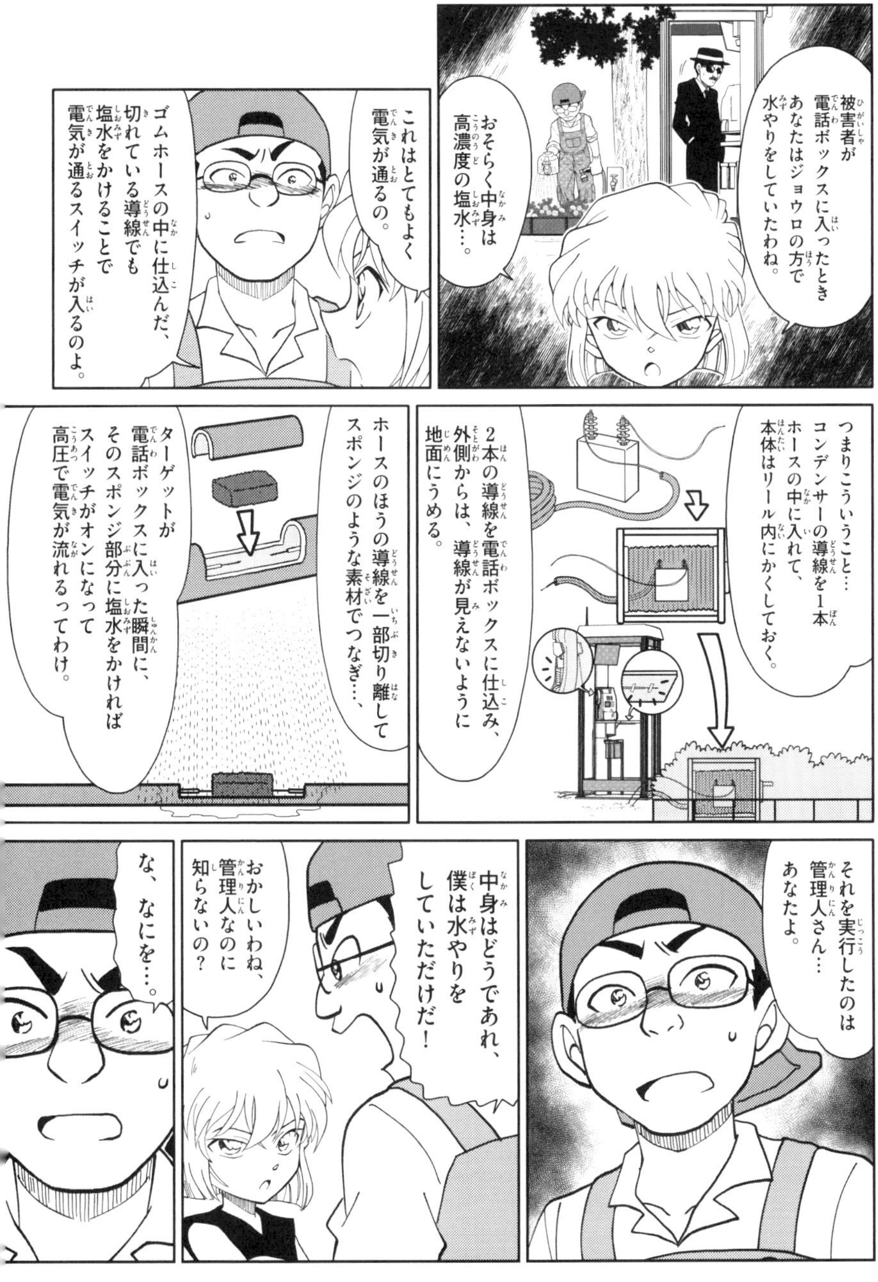

被害者《ひがいしゃ》が電話《でんわ》ボックスに入《はい》ったときあなたはジョウロの方《ほう》で水《みず》やりをしていたわね。
おそらく中身《なかみ》は高濃度《こうのうど》の塩水《しおみず》…。
これはとてもよく電気《でんき》が通《とお》るの。
ゴムホースの中《なか》に仕込《しこ》んだ、切《き》れている導線《どうせん》でも塩水《しおみず》をかけることで電気《でんき》が通《とお》るスイッチが入《はい》るのよ。
つまりこういうこと…コンデンサーの導線《どうせん》を1本《ぽん》ホースの中《なか》に入《い》れて、本体《ほんたい》はリール内《ない》にかくしておく。
2本《ほん》の導線《どうせん》を電話《でんわ》ボックスに仕込《しこ》み、外側《そとがわ》からは、導線《どうせん》が見《み》えないように地面《じめん》にうめる。
ホースのほうの導線《どうせん》を一部《いちぶ》切《き》り離《はな》してスポンジのような素材《そざい》でつなぎ…、
ターゲットが電話《でんわ》ボックスに入《はい》った瞬間《しゅんかん》に、そのスポンジ部分《ぶぶん》に塩水《しおみず》をかければスイッチがオンになって高圧《こうあつ》で電気《でんき》が流《なが》れるってわけ。
それを実行《じっこう》したのは管理人《かんりにん》さん…あなたよ。
中身《なかみ》はどうであれ、僕《ぼく》は水《みず》やりをしていただけだ！
おかしいわね、管理人《かんりにん》なのに知《し》らないの？
な、なにを…。

塩水《しおみず》を植物《しょくぶつ》にかけては
いけないって…。
塩水《しおみず》は植物《しょくぶつ》の根《ね》が土《つち》から
水分《すいぶん》や養分《ようぶん》を吸収《きゅうしゅう》するのを
さまたげるの。
な…!
トリックを計画《けいかく》するなら
一《いち》から理科《りか》を
勉強《べんきょう》しないとね。
ぐ…!!
くそーーっ!
組織《そしき》の裏切《うらぎ》り者《もの》を
こっそり始末《しまつ》する
つもりだったのに…、
ガッ
クソガキに
見《み》やぶられるとは…!!
このっ…!!
ぶん
!!
灰原《はいばら》っ!!
ボッ
ダッ

ドッ
ゴロン
ドサッ
あっ!!
怪《あや》しい機械《きかい》が出《で》てきましたよ!!
犯人《はんにん》を取《と》り押《お》さえろ!!
コナンくん哀《あい》ちゃんすごーい!!
科学《かがく》は犯人《はんにん》を見逃《みのが》さないわ!

灰《はい》原《ばら》哀《あい》の科《か》学《がく》実《じつ》験《けん》室《しつ》③ Ai's Labo《アイズラボ》

～塩《しお》の結晶化《けっしょうか》・電気《でんき》を通《とお》すもの～

身近《みぢか》にあるけど、意外《いがい》な特性《とくせい》を持《も》っている「塩《しお》」の特徴《とくちょう》を調《しら》べてみましょう。

まんがのおさらい

塩《しお》水《みず》は電《でん》気《き》を通《とお》す

つながっていない導線《どうせん》の間《あいだ》のスポンジに、塩水《しおみず》をジョウロでまいたことで、電気《でんき》が通《とお》るようになったの。犯人《はんにん》は、電話《でんわ》ボックスに被害者《ひがいしゃ》が入《はい》るのを見《み》てから塩水《しおみず》をまいたのよ。

被害者《ひがいしゃ》が電話《でんわ》ボックスに入《はい》ったときあなたはジョウロのほうで水《みず》やりをしていたわね。
おそらく中身《なかみ》は高濃度《こうのうど》の塩水《しおみず》…。

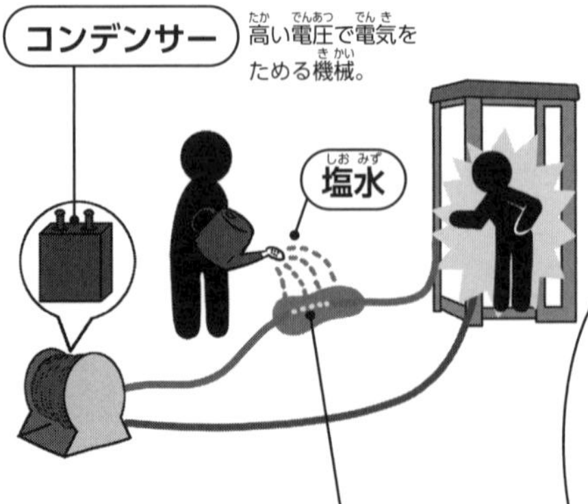
コンデンサー
高《たか》い電圧《でんあつ》で電気《でんき》をためる機械《きかい》。
塩《しお》水《みず》
スポンジ
塩水《しおみず》がスポンジにしみてスイッチになった。

水《みず》やりが電気《でんき》を通《とお》すスイッチになったのよ。

チャレンジ1

塩《しお》の結《けっ》晶《しょう》を観《かん》察《さつ》しよう

塩水《しおみず》と水《みず》をそれぞれ紙《かみ》や布《ぬの》にかけて太陽《たいよう》の光《ひかり》に当《あ》てると、塩水《しおみず》のほうは蒸発《じょうはつ》して白《しろ》く結《けっ》晶化《しょうか》した塩《しお》になるの。塩《しお》の結晶《けっしょう》は、サイコロのような形《かたち》になるわ。

結晶《けっしょう》は、水《みず》に溶《と》けているものによって形《かたち》が変《か》わるから、他《ほか》のものでも実験《じっけん》してみてね。

用意《ようい》するもの

塩《しお》(40g《グラム》ほど)、
水《みず》(各《かく》100mL《ミリリットル》ほど)、
布《ぬの》や紙《かみ》

やりかた

① 水《みず》と塩水《しおみず》をそれぞれ紙《かみ》にかけよう。

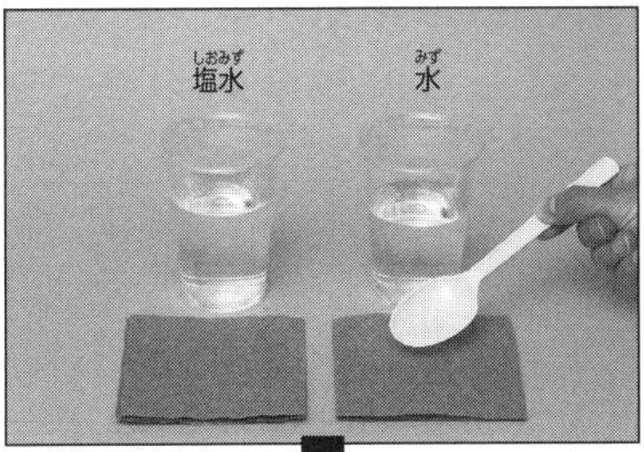
塩水《しおみず》
水《みず》

② 太陽《たいよう》の光《ひかり》に当《あ》ててかわかそう。

塩水《しおみず》
水《みず》

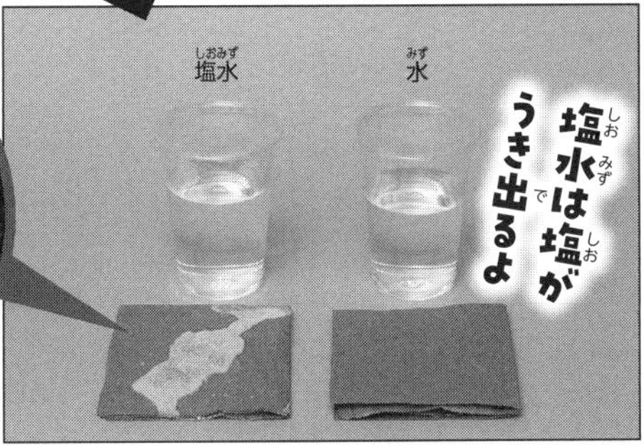
塩水《しおみず》
水《みず》
塩水《しおみず》は塩《しお》がうき出《で》るよ

ルーペで見《み》てみると…

立方体《りっぽうたい》の形《かたち》が！

レンガでも塩《しお》の結晶《けっしょう》ができるよ!!

この立方体《りっぽうたい》の結晶《けっしょう》は花壇《かだん》のレンガについていたの。
濃《こ》い塩水《しおみず》が太陽《たいよう》で熱《ねっ》せられたレンガに付着《ふちゃく》して水《みず》が蒸発《じょうはつ》し、いっきに塩《しお》が結晶化《けっしょうか》したという証《あかし》よ。

チャレンジ2 塩《しお》水《みず》で電《でん》球《きゅう》をつけよう

ふたつのコップに水《みず》を入《い》れ、片方《かたほう》には塩《しお》を入《い》れ、溶《と》けきるまでしっかりかき混《ま》ぜましょう。次《つぎ》に「やりかた」の写真《しゃしん》のように導線《どうせん》にアルミホイルをとりつけ、電池《でんち》をケースに入《い》れるよ(むき出《だ》しの導線《どうせん》にさわらないように注《ちゅう》意《い》!)。それぞれのコップに、アルミホイルをひたしてね。水《みず》だと豆電球《まめでんきゅう》がつかないけれど、塩水《しおみず》だと豆電球《まめでんきゅう》がつくことがわかるわ。電球《でんきゅう》がついている間《あいだ》は、アルミホイルが化学反応《かがくはんのう》をおこしてあわが出《で》てくるから、よく観察《かんさつ》してみましょう。お酢《す》など、塩水《しおみず》以外《いがい》のものでも試《ため》してみてね。

やりかた

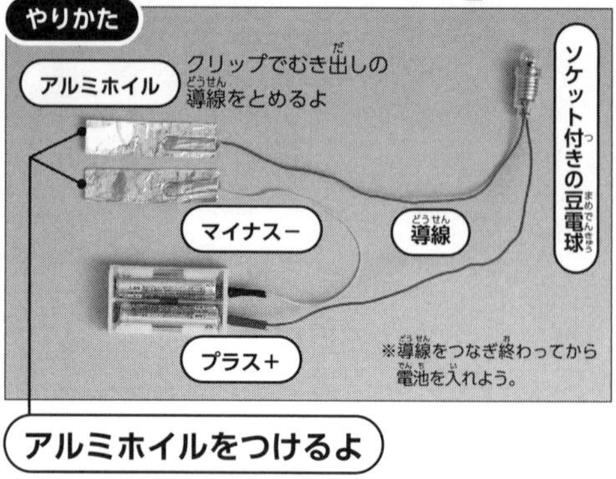

アルミホイル
クリップでむき出《だ》しの導線《どうせん》をとめるよ
ソケット付《つ》きの豆電球《まめでんきゅう》
マイナス－
導線《どうせん》
プラス＋
※導線《どうせん》をつなぎ終《お》わってから電池《でんち》を入《い》れよう。
アルミホイルをつけるよ

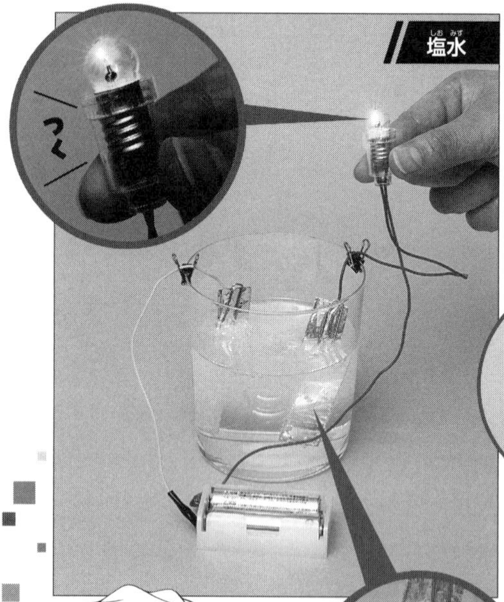

塩水《しおみず》
つく

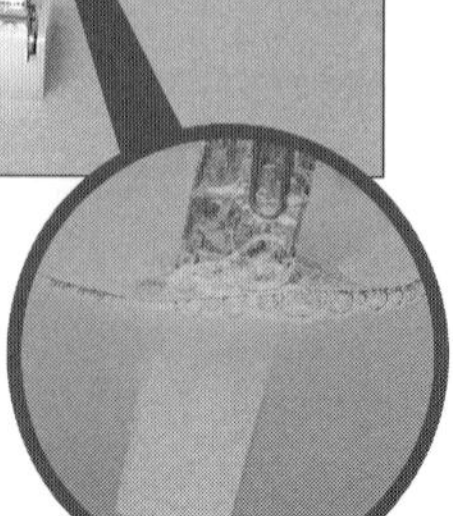

アルミホイルからあわが出《で》るよ

つかない
水《みず》

塩《しお》以外《いがい》のものも溶《と》かして、試《ため》してみてね!

用意《ようい》するもの

塩《しお》60g《グラム》ほど、水《みず》 各《かく》400mL《ミリリットル》ほど、コップ2つ、ソケット付《つ》き豆電球《まめでんきゅう》、導線《どうせん》、乾電池《かんでんち》2つ、電池《でんち》ケース、アルミホイル、クリップ

名探偵コナン 灰原哀の科学事件《サイエンストリック》ファイル

HAZAMA
な、ない!!
ザザ
どこにもない…!!
ガサ
ガサ
医療《いりょう》メーカー・ハザマ
社長《しゃちょう》 間《はざま》 進《すすむ》
落《お》としたのか!? くそっ!
ブツブツ
なんてことだ…!!
この中《なか》のアレが公《おおやけ》になってしまったら…!!
CASE4:
盗《ぬす》まれた指《ゆび》
《前編《ぜんぺん》》

*…灰原哀《はいばらあい》お気《き》に入《い》りのサッカー選手《せんしゅ》。

*…大量《たいりょう》のデータが保存《ほぞん》できる小《ちい》さなスティックタイプの記憶装置《きおくそうち》。

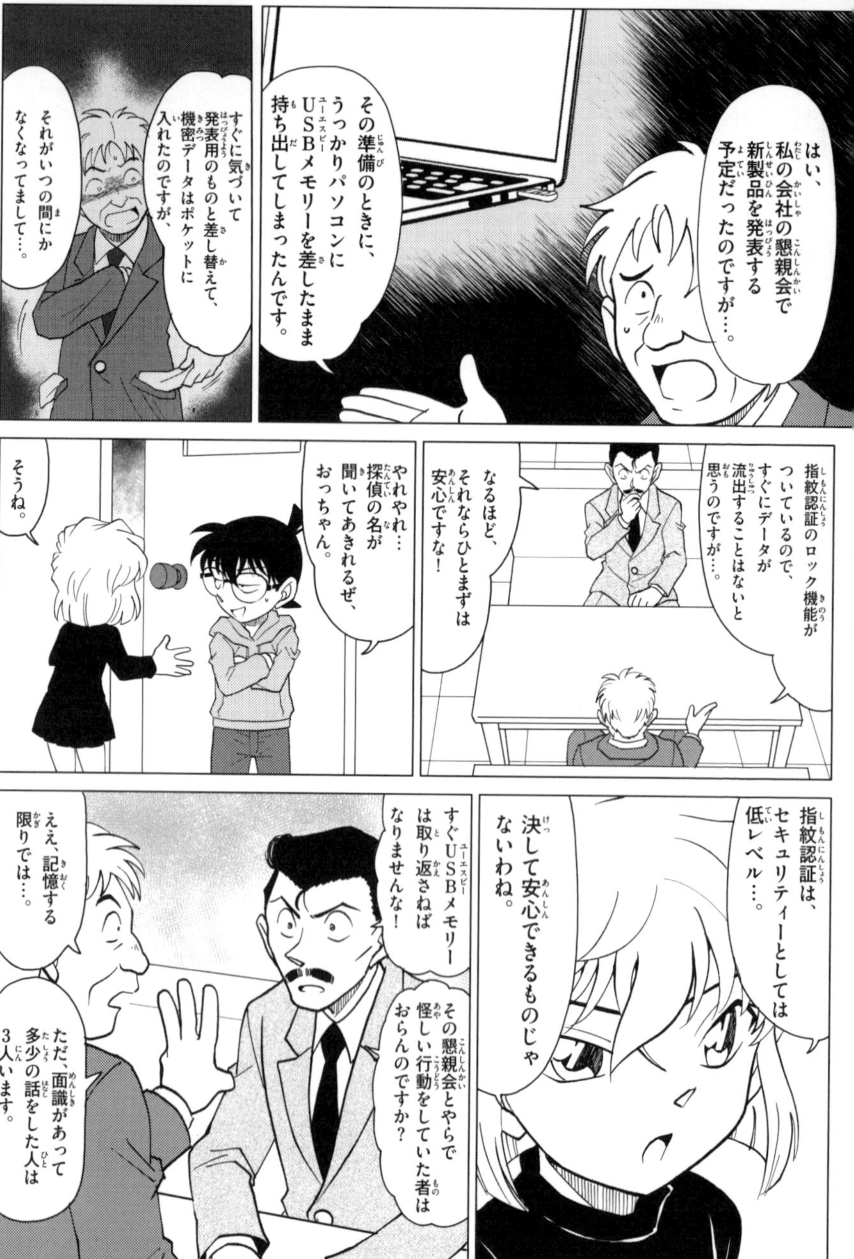

はい、私《わたし》の会社《かいしゃ》の懇親会《こんしんかい》で新製品《しんせいひん》を発表《はっぴょう》する予定《よてい》だったのですが…。
その準備《じゅんび》のときに、うっかりパソコンにUSB《ユーエスビー》メモリーを差《さ》したまま持《も》ち出《だ》してしまったんです。
すぐに気《き》づいて発表用《はっぴょうよう》のものと差《さ》し替《か》えて、機密《きみつ》データはポケットに入《い》れたのですが、
それがいつの間《ま》にかなくなってまして…。
指紋認証《しもんにんしょう》のロック機能《きのう》がついているので、すぐにデータが流出《りゅうしゅつ》することはないと思《おも》うのですが…。
なるほど、それならひとまずは安心《あんしん》ですな!
やれやれ…探偵《たんてい》の名《な》が聞《き》いてあきれるぜ、おっちゃん。
そうね。
指紋認証《しもんにんしょう》は、セキュリティーとしては低《てい》レベル…。
決《けっ》して安心《あんしん》できるものじゃないわね。
すぐUSB《ユーエスビー》メモリーは取《と》り返《かえ》さねばなりませんな!
その懇親会《こんしんかい》とやらで怪《あや》しい行動《こうどう》をしていた者《もの》はおらんのですか?
ええ、記憶《きおく》する限《かぎ》りでは…。
ただ、面識《めんしき》があって多少《たしょう》の話《はなし》をした人《ひと》は3人《にん》います。

まず、眼科医《がんかい》の外山《とやま》さん。
病院《びょういん》を新築《しんちく》して移転《いてん》されたため、改《あらた》めて名刺《めいし》を交換《こうかん》しました。
最近《さいきん》の材料費《ざいりょうひ》高騰《こうとう》で建築費《けんちくひ》がかさんだとお困《こま》りのようでした。
ふむ、金《かね》に困《こま》っていたと…金目当《かねめあ》ての犯行《はんこう》か…？
次《つぎ》に内科医《ないかい》の内藤《ないとう》さん。
最近《さいきん》手相《てそう》を見《み》るのにハマっているらしく、私《わたし》も手持《ても》ちのルーペで見《み》られました。
『後悔先《こうかいさき》に立《た》たず』とかなんとか…。
む？それはまた意味深《いみしん》な占《うらな》いですな…怪《あや》しい。
3人目《にんめ》は私《わたし》が通《かよ》っている歯科医《しかい》の秋歯《あきは》さん。
定期健診《ていきけんしん》のほかに白《しろ》い歯《は》は印象《いんしょう》が良《よ》くなるとかで、最近《さいきん》ホワイトニングをしてもらいました。
これがその時《とき》の写真《しゃしん》です。
どれ…。

こんなふうに会場《かいじょう》でも一緒《いっしょ》に写真《しゃしん》を撮《と》りました。
うーん、どいつもこいつも怪《あや》しそうですなぁ…。
USB《ユーエスビー》メモリーが盗《ぬす》まれた後《あと》、じつは知《し》らないアドレスから脅迫《きょうはく》メールが届《とど》きまして…。
なに!?
『データを公開《こうかい》されたくなければ社長《しゃちょう》を辞任《じにん》しろ』
…うむ、これは立派《りっぱ》な脅迫《きょうはく》ですな。
誰《だれ》かとトラブルでも?
いえ、先《さき》ほどの3人《にん》をふくめ誰《だれ》ともそんなことは…まったく思《おも》い当《あ》たりません!!
とにかく、ここまでするからにはさぞかし重要《じゅうよう》なデータなんでしょうな!
え、ええ…。

脅迫《きょうはく》されてるとなると、急《いそ》いで取《と》り戻《もど》したほうがよさそうだな。
ちょっと調《しら》べてみるか…。
その必要《ひつよう》はないわ。
指紋《しもん》を盗《ぬす》めるとしたら、今《いま》の3人《にん》のうちあの医者《いしゃ》しかいないわね。
！
なるほど、そうか…！
よし、じゃあさっそくその医者《いしゃ》の所《ところ》に乗《の》りこもうぜ！
いいけど、おじさんがいるとややこしくならないかしら。
どうするの？
ご事情《じじょう》はわかりました！私《わたし》にお任《まか》せください!!
3人《にん》を徹底的《てっていてき》に調《しら》べ上《あ》げ…。
パシュ
ふにゃ
も、毛利《もうり》さん!?

おっちゃんには悪《わる》いけど、しばらく眠《ねむ》っててもらおう。
…まあいいけど。
あー、おじさんが推理《すいり》に入《はい》ってる！
おお…これが〝眠《ねむ》りの小五郎《こごろう》〟…‼
間《はざま》さん、私《わたし》は3人《にん》の医師《いし》についてこうしてじっくり推理《すいり》してみます。
その間《あいだ》優秀《ゆうしゅう》な私《わたし》の助手《じょしゅ》があなたの力《ちから》になるでしょう。
助手《じょしゅ》って…？
ひょこっ
それはボク江戸川《えどがわ》コナンと…、
灰原哀《はいばらあい》よ。

き、きみたちが…!?
毛利《もうり》のおじさんの大《おお》きな声《こえ》で話《はなし》が聞《き》こえてたよ。
盗《ぬす》まれたもの、取《と》り返《かえ》さなきゃね。
ボクたちにまかせて!!
カチャ カチャ
フフ…できたぞ…。
こいつを使《つか》えば…!!
フフフ…。
ははははは

CASE4：
盗《ぬす》まれた指《ゆび》（後編《こうへん》）
秋歯デンタルクリニック
本日休診日
診療時間
9:00~12:00
15:00~18:00
日、祝　休診
TEL
×××-×××-××××
ここは…秋歯《あきは》さんの歯科医院《しかいいん》…。
休診日《きゅうしんび》みたいだけど…、どうするの？
考《かんが》えがある、あのね…。
ひそひそ
な、なるほど。
わかったわ。
じゃ、いくよ！
ピンポーン
ピンポーン
はい、どなたですか？今日《きょう》は休診日《きゅうしんび》ですが……。
うわーん歯《は》が痛《いた》いよ〜〜！ボク、もう我慢《がまん》できないよ〜〜!!

す、すみません 親《しん》せきの子《こ》が急《きゅう》に歯《は》が痛《いた》いと…。
間《はざま》さん!?
わ、わかりました 特別《とくべつ》に診察《しんさつ》しましょう…。
よくやるわね…。
どうぞ お入《はい》りください。
すみません、お休《やす》みのところ。
いえ、それより間《はざま》さん 顔色《かおいろ》が悪《わる》いですが、どうかされましたか?
じ、じつは 大切《たいせつ》なものを 盗《ぬす》まれまして…。
なんと!
それは大変《たいへん》だ、早《はや》く見《み》つかると いいですね。
先生《せんせい》、早《はや》く診察《しんさつ》して～!
はいはい、どこが痛《いた》むのかな?
ガラ…
オレが患者《かんじゃ》のフリをして間《はざま》さんと一緒《いっしょ》に 秋歯《あきは》さんを引《ひ》きとめるから、そのすきに灰原《はいばら》は診察室《しんさつしつ》を探《さぐ》ってくれ。
なにかを 練《ね》ったような あと……。

ノートパソコンと3D《スリーディー》プリンター…。
そしてこれは……。
やっぱり思《おも》ったとおりね。
こら！患者《かんじゃ》以外《いがい》は診察室《しんさつしつ》に入《はい》っちゃダメだよ！
ごめんなさい、歯医者《はいしゃ》さんのお仕事《しごと》に興味《きょうみ》があったの。
この材料《ざいりょう》って、歯《は》の型《かた》をとる粘土《ねんど》みたいなものよね？
ああ、そうだよ。
印象材《いんしょうざい》といって、こねて歯《は》にはめて歯型《はがた》をとるんだ。
ああ、哀《あい》ちゃん。こんなところにいたのか。
ほら、早《はや》く出《で》て行《い》きなさい。
ねえ、歯医者《はいしゃ》さん。
これって指紋《しもん》もとれるのかしら？

まあ、指《ゆび》を押《お》し当《あ》てればとれるかもしれないね。
そう…。
でも、それ以外《いがい》でもとれるんじゃないかしら?
例《たと》えば写真《しゃしん》からとか…。
!?
ハハ、おじょうちゃんなんの話《はなし》だい?
間《はざま》おじさんが盗《ぬす》まれたものは、指紋認証《しもんにんしょう》タイプのUSB《ユーエスビー》メモリーよね?
あ、ああ。
え! 間《はざま》さん、そんなことが!?
だけど、それとなんの関係《かんけい》が…?
ロックを解除《かいじょ》してUSB《ユーエスビー》メモリーのデータを見《み》るには本人《ほんにん》の指紋《しもん》を認証《にんしょう》させる必要《ひつよう》がある…当然本人以外《とうぜんほんにんいがい》じゃダメなんだけど、
もし指紋《しもん》がコピーできたとしたら?
そんな、本人《ほんにん》に気《き》づかれずにどうやって?
そんなの無理《むり》だろう。
そうかしら。
こんな感《かん》じで正面《しょうめん》から撮影《さつえい》した指《ゆび》の写真《しゃしん》なら指紋《しもん》もとれるわよね。
あ、あの時《とき》……!!

……。
やり方《かた》はこう。
写真《しゃしん》の指紋《しもん》を3D《スリーディー》データ化《か》して、超高性能《ちょうこうせいのう》3D《スリーディー》プリンターで指紋《しもん》の版《はん》を作《つく》る。
そこに練《ね》った印象材《いんしょうざい》を押《お》して指紋《しもん》を写《うつ》せば…。
この偽造指紋《ぎぞうしもん》が完成《かんせい》するってわけ。
ぐっ…!!
おそらく会場《かいじょう》で間《はざま》のおじさんが『USB《ユーエスビー》メモリーを抜《ぬ》き忘《わす》れた』とか言《い》ってたのを聞《き》いたんじゃない？
それで一緒《いっしょ》に自撮《じど》りするときにおじさんのポケットから盗《ぬす》んだ…ってとこかしら。
ほ、本当《ほんとう》ですか!? 秋歯《あきは》さん!!
……
フッ…おじょうちゃん鋭《するど》いねぇ…。
そのとおり、あの時《とき》たまたま間《はざま》さんの独《ひと》り言《ごと》を聞《き》いてしまったんです。
このUSB《ユーエスビー》メモリーを間違《まちが》えて発表《はっぴょう》していたら、私《わたし》の立場《たちば》が危《あや》うくなるところだった…。
私《わたし》はこれがチャンスだと思《おも》った…間《はざま》さん、あなたをおとしいれるためのね!
でもバレてしまってはしかたがない。USB《ユーエスビー》メモリーはお返《かえ》ししますよ。
おお!
ただ…、
もうロックは解除《かいじょ》しましたがね!!
まさかあの写真《しゃしん》とは思《おも》いませんでしたよ!
な…!!
や…、やめろーー!!

私《わたし》とぴょん娘《こ》ぐみたちの写真《しゃしん》が!!
は!?
間《はざま》さん… 私《わたし》もぴょん娘《こ》ぐみの大《だい》ファンだってあなた知《し》ってますよね?
ホワイトニングしにいらっしゃったときふたりで推《お》しの子《こ》の話《はなし》で盛《も》り上《あ》がりましたよね…。
それなのに『スポンサーとして彼女《かのじょ》たちに会《あ》ったとき、写真《しゃしん》を撮《と》った』とあなたから自慢《じまん》されてどうしても許《ゆる》せなかったんです。
立場《たちば》を利用《りよう》してみんなのアイドルを独《ひと》り占《じ》めしたあなたが……!!
それで社長《しゃちょう》を辞任《じにん》しろと… 確《たし》かにあの時《とき》は私《わたし》も調子《ちょうし》に乗《の》ってつい写真《しゃしん》を見《み》せびらかしてしまった… 申《もう》し訳《わけ》ない!!
これからは一人《ひとり》のファンとして、初心《しょしん》に帰《かえ》って推《お》し活《かつ》するよ… 秋歯《あきは》さん、共《とも》に盛《も》り上《あ》げよう!!
間《はざま》さん…!!
機密情報《きみつじょうほう》ってこれだったのかよ…。
ま、これで一件落着《いっけんらくちゃく》か。
そうね。
指紋《しもん》も本当《ほんとう》の自分《じぶん》も偽《いつわ》れないということね。
あり? 間《はざま》さん…?

灰《はい》原《ばら》哀《あい》の科《か》学《がく》実《じっ》験《けん》室《しつ》④

Ai's Labo《アイズラボ》

～指紋採取《しもんさいしゅ》をしてみよう～

ひとりひとり違《ちが》いがあることから、犯罪捜査《はんざいそうさ》に使《つか》われることも多《おお》い指紋《しもん》。スマートフォンのロックにも使《つか》われているけれど、どうやって見分《みわ》けているのか学《まな》んでいきましょう。

まんがのおさらい

写真《しゃしん》などをもとに、指紋《しもん》はコピーできる

犯人《はんにん》は、スマートフォンで撮《と》った写真《しゃしん》から指紋《しもん》を画像《がぞう》として取《と》り出《だ》し、3D《スリーディー》プリンターで凹《ぼこ》の「型《かた》」を作《つく》ったの。そこに歯科用《しかよう》の材料《ざいりょう》、印象材《いんしょうざい》を押《お》して指紋《しもん》を写《うつ》し、凸型《でこがた》の「ニセモノの指《ゆび》」を作《つく》った。それで、USB《ユーエスビー》メモリーのロックを解除《かいじょ》したのよ。

① 

写真《しゃしん》を加工《かこう》して指紋《しもん》を取《と》り出《だ》す

↓

② 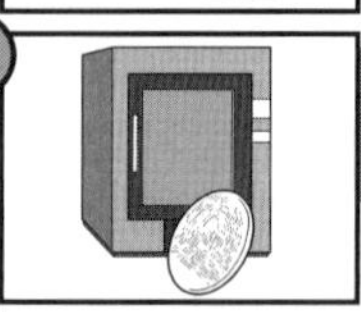

3D《スリーディー》プリンターで指紋《しもん》の型《かた》を作《つく》る

↓

③ 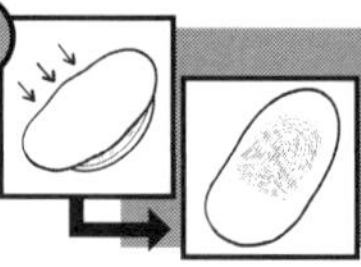

型《かた》に印象材《いんしょうざい》を押《お》し、指紋《しもん》を写《うつ》せばニセモノの指完成《ゆびかんせい》

まめちしき

指紋《しもん》は自分《じぶん》だけのもの

指紋《しもん》は親子《おやこ》や双子《ふたご》でも形《かたち》が異《こと》なり一生《いっしょう》の間《あいだ》あまり変《か》わらないことから、スマートフォンのロック解除《かいじょ》や犯罪捜査《はんざいそうさ》の証拠《しょうこ》としても使《つか》われるよ。左《ひだり》の図《ず》のような、特徴《とくちょう》になる場所《ばしょ》の位置《いち》や線《せん》の数《かず》で個人《こじん》を特定《とくてい》しているんだって。

指紋《しもん》の特徴点《とくちょうてん》

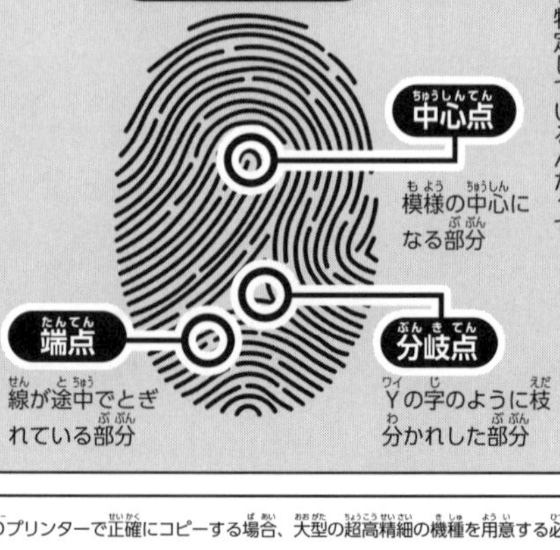

中心点《ちゅうしんてん》
模様《もよう》の中心《ちゅうしん》になる部分《ぶぶん》
端点《たんてん》
線《せん》が途中《とちゅう》でとぎれている部分《ぶぶん》
分岐点《ぶんきてん》
Y《ワイ》の字《じ》のように枝《えだ》分《わ》かれした部分《ぶぶん》

指紋《しもん》は20世紀《せいき》の初《はじ》めから犯罪捜査《はんざいそうさ》に使《つか》われ始《はじ》めたのよ。

※実際《じっさい》に写真《しゃしん》の指紋《しもん》を3D《スリーディー》プリンターで正確《せいかく》にコピーする場合《ばあい》、大型《おおがた》の超高精細《ちょうこうせいさい》の機種《きしゅ》を用意《ようい》する必要《ひつよう》があります。

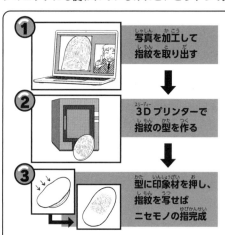

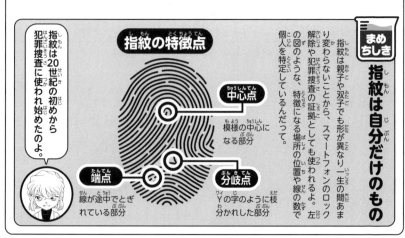

チャレンジ1

指《し》紋《もん》をとってみよう

ドラマで見《み》るような警察《けいさつ》の鑑識官《かんしきかん》が使《つか》っているのは、アルミなどを使《つか》った専用《せんよう》のパウダー。だけど、アイシャドーやチークの粉《こな》でも簡単《かんたん》に指《し》紋《もん》の採取体験《さいしゅたいけん》ができるのよ。

一見《いっけん》、指紋《しもん》があるように見《み》えない白《しろ》い紙《かみ》の上《うえ》でも、パウダーをそっとはたくと指紋《しもん》がうきだしてくるの。

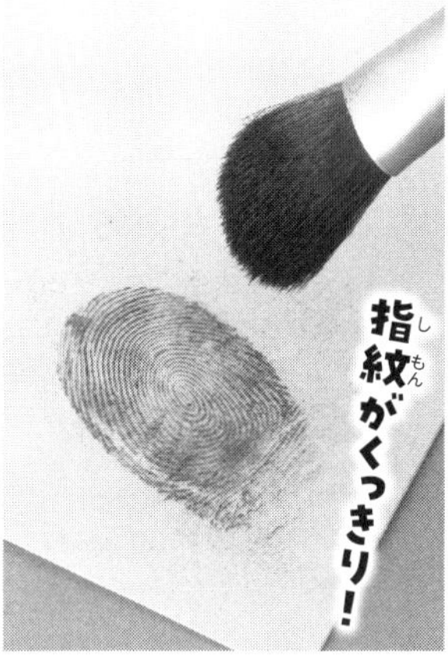
指《し》紋《もん》がくっきり！

やりかた

① 指《ゆび》にハンドクリームをぬり、白《しろ》い紙《かみ》に押《お》す。

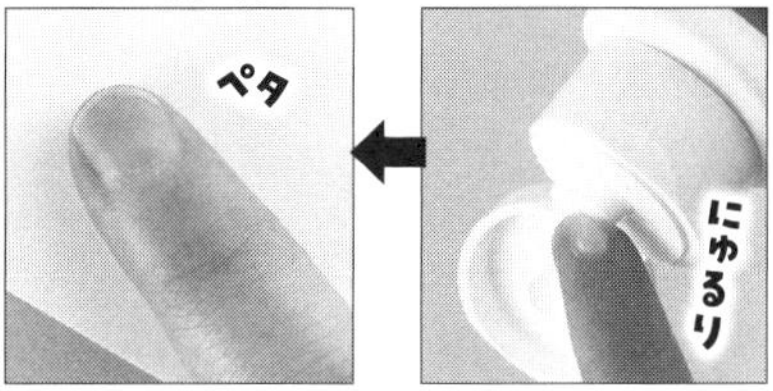
にゅるり
ペタ

② ブラシでアイシャドーやチークをはたく。

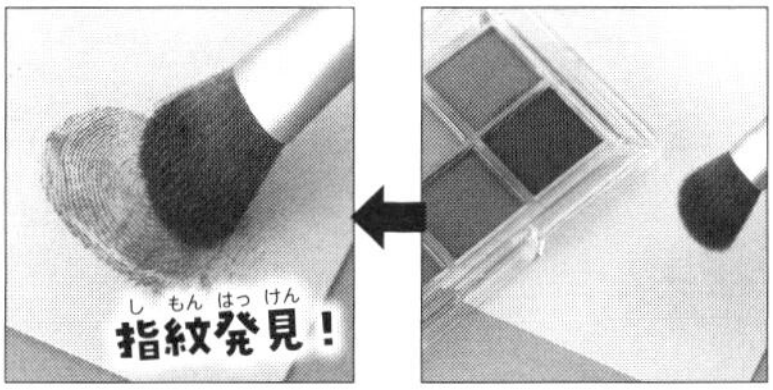
指《し》紋《もん》発《はっ》見《けん》！

用意《ようい》するもの

アイシャドーやチーク*、
メイクブラシ、ハンドクリーム、紙《かみ》

*化粧品《けしょうひん》を使《つか》うときは、おうちの人《ひと》に確認《かくにん》してからにしよう。

ねんどでもやってみよう

ねんどを使《つか》えば、もっと簡単《かんたん》に指紋《しもん》がとれるよ。とれたら、どんな特徴《とくちょう》があるかしっかり観察《かんさつ》してみよう。

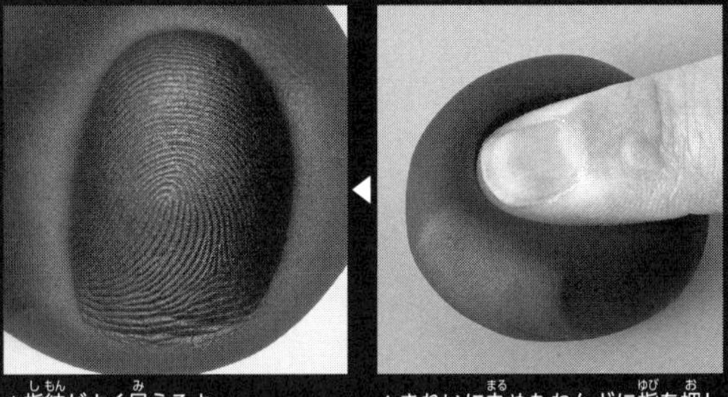

▲指紋《しもん》がよく見《み》えるよ。

▲きれいに丸《まる》めたねんどに指《ゆび》を押《お》しつける。

他《ほか》の人《ひと》と
形《かたち》をくらべて
みましょう。

CASE5：
入《はい》らずの小屋《こや》の怪《かい》
入《はい》るな
ホントにここにお化《ば》けがいるのかな…。
おい哲《てつ》、早《はや》く中《なか》に入《はい》れよ…言《い》い出《だ》しっぺはおまえだろ。
入《はい》るな
わ、わかってるよ！
しかし不気味《ぶきみ》な字《じ》だよな…。
ガラ…
ええ…。
土《ど》足《そく》
しょうがない、このサンダルをはくか。
パチン
あれ？電気《でんき》がつかない…。

まあいいや、ここに来たって証拠《しょうこ》にこの人形《にんぎょう》でも持《も》って帰《かえ》ろう。
グッ
ズゥウウウーン
なっ…なんだこれ!?
足《あし》が急《きゅう》に重《おも》く…!!
ブルブルブル
ポトリ
ひっ!!
ザザザザザ
うわあああ!?
ザザザザ
ザザザザ

ここが事件現場《じけんげんば》のお化《ば》けの廃屋《はいおく》ですよ。
あ! くつがあった。
でも、中《なか》でぬいだはずなのに…。
も、もしかしてお化《ば》けが…。
光彦《みつひこ》くんやめて~!!
そういやコナンがいねーぞ。
あの名探偵《めいたんてい》なら用事《ようじ》があるって帰《かえ》ったわ。
これぐらいの事件《じけん》なら灰原《はいばら》だけで大丈夫《だいじょうぶ》だろ? よろしくな!
まったく…。
ねえ哲《てつ》くん、どうしてここに入《はい》ったの?
友《とも》だちときもだめしをやることになって…。
まず、ぼくが最初《さいしょ》に入《はい》ったんだ。
置《お》いてある人形《にんぎょう》を取《と》ろうとしたら、急《きゅう》に足《あし》が重《おも》くて動《うご》かなくなって…。
そしたら人形《にんぎょう》の首《くび》がひとりでに落《お》ちて、こわくてすぐ逃《に》げちゃった…。
ポトリ
やだ~!!
やっぱりお化《ば》けのしわざですかね…!?
とりあえず中《なか》に入《はい》ってみましょう。
ガラ…

あっ!
あの人形《にんぎょう》…
首《くび》が元《もと》に戻《もど》ってる!!
ええ～!?
これは…。
土《ど》足《そく》
だめだよ
きみたち、勝手《かって》に
入《はい》っちゃ。
もう帰《かえ》りなさい。
ザッ
田《た》市《いち》伝《でん》治《じ》
アルバイト用務員《ようむいん》
ここは、こわ～い
お化《ば》けが出《で》るってうわさ
知《し》ってるだろ…?
ひっ
ほら、
電気《でんき》もつかないし
暗《くら》くなったら危《あぶ》ないぞ。
パチッ

み、みんなあれを見《み》て!!
ガタ
ガタ
ガタ
ボトッッ
!!
うわあああ
ゆ、床《ゆか》もヘンだぞ!!
ズズズズズ
きゃああああ
みんな、外《そと》に出《で》るんだ!
早《はや》く!!
ガラ
うわあああ

やっぱり、ここには近《ちか》づかないほうがいいよ…。
は、はい…。
きみ、サンダルで外《そと》に出《で》ちゃダメじゃないか。
あら。
それは、これがよく見《み》えるとマズいからかしら。
これは…鉄板《てっぱん》ですね。
この鉄板《てっぱん》は足《あし》を止《と》めるため。
そしてさっき床《ゆか》に現《あらわ》れた、あの奇妙《きみょう》な波模様《なみもよう》は磁力線《じりょくせん》。
あの廃屋《はいおく》の床《ゆか》…、もしかして電磁石《でんじしゃく》をうめこんであるんじゃない?

な…なんのことだい?
部屋《へや》の電気《でんき》かと思《おも》っていたスイッチ…。
あれは電磁石《でんじしゃく》だったのね。
道理《どうり》で怪奇現象《かいきげんしょう》が起《お》きるタイミングが良《よ》すぎると思《おも》ったわ。
電磁石《でんじしゃく》って?
電磁石《でんじしゃく》は電気《でんき》で磁力《じりょく》を発生《はっせい》させる機械《きかい》。
スイッチ1つで強《つよ》い磁力《じりょく》を発生《はっせい》させることができるわ。
磁力線《じりょくせん》はその時《とき》の「磁力《じりょく》の通《とお》り道《みち》」。
それによって砂《すな》ぼこりに混《ま》じっていた砂鉄《さてつ》が引《ひ》き寄《よ》せられて、床《ゆか》に二《ふた》つの目《め》のような奇妙《きみょう》な模様《もよう》を作《つく》り出《だ》したってわけ。
たぶんこの人形《にんぎょう》も仕《し》かけがあるはずよ。
あっ、ホントだ!
お人形《にんぎょう》の首《くび》にひもと金属《きんぞく》のクリップがついてる!
そうか!このクリップが床《ゆか》の電磁石《でんじしゃく》に引《ひ》っぱられたから人形《にんぎょう》の首《くび》がひとりでに落《お》ちたように見《み》えたんですね!
足《あし》が重《おも》くなったのもサンダルの裏《うら》の鉄板《てっぱん》が電磁石《でんじしゃく》に引《ひ》き寄《よ》せられたから…!
そのとおりよ。

でも、なんでこんなことを…?
…フッ。
まさか小学生《しょうがくせい》に見破《みやぶ》られるなんてな…。
そうさ、このしかけはすべておれが作《つく》ったものだ。
人目《ひとめ》につかないこの廃屋《はいおく》が研究《けんきゅう》に集中《しゅうちゅう》するのにちょうど良《よ》くてね。
入《はい》るな
でもおれが書《か》いたはり紙《がみ》の字《じ》がこわかったせいで、それを見《み》た生徒《せいと》たちが「お化《ば》けの廃屋《はいおく》」とか言《い》い出《だ》して…。
あっと言《い》う間《ま》にうわさが広《ひろ》まり見《み》に来《く》る子《こ》もいて。
研究《けんきゅう》のじゃまになるから、それならいっそもっとこわがらせて近《ちか》づけないようにしてやろうと思《おも》ったんだ…。
まったく…まぁ研究《けんきゅう》のじゃまをされたくない気持《きも》ちはわかるけど、
廃屋《はいおく》とはいえ学校《がっこう》の建《た》て物《もの》を無断《むだん》で私物化《しぶつか》するのはどうかしらね。
ギクっ
たのむ、研究《けんきゅう》はもうやめるからどうか先生《せんせい》たちには秘密《ひみつ》に…!!
——けっきょくお化《ば》けじゃありませんでしたね。
でも哀《あい》ちゃん大活《だいかつ》やくだったよね!
科学《かがく》は真実《しんじつ》のためのもの。
うそをつくためのものじゃないわ。
もうコナンがいなくても、事件解決《じけんかいけつ》できるんじゃね?
くしゅん
あらコナンくんかぜ?

灰《はい》原《ばら》哀《あい》の科《か》学《がく》実《じっ》験《けん》室《しつ》5 Ai's Labo《アイズラボ》

～電気《でんき》で鉄《てつ》が磁石《じしゃく》になるしくみ～

導線《どうせん》（エナメル線《せん》など）をぐるぐる巻《ま》いたものをコイルというの。コイルにはとっても不思議《ふしぎ》な力《ちから》があるのよ。実験《じっけん》で調《しら》べてみましょう。

まんがのおさらい

電《でん》気《き》で磁《じ》石《しゃく》を作《つく》りくっつけた

哲《てつ》くんのサンダルがくっついたのは、床《ゆか》の下《した》に電磁石《でんじしゃく》がかくされていたからなのよ。

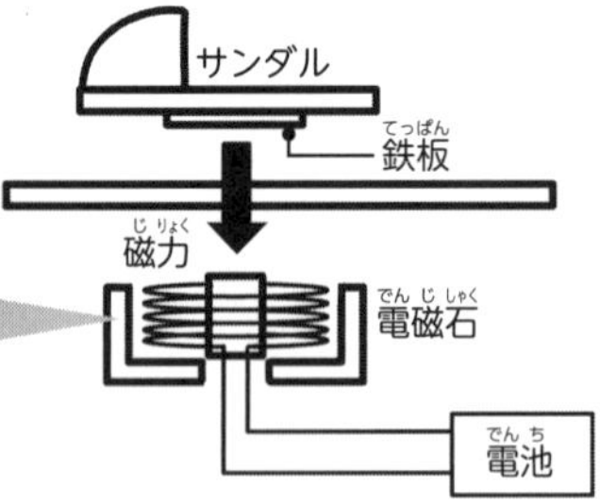

サンダル
鉄板《てっぱん》
磁力《じりょく》
電磁石《でんじしゃく》
電池《でんち》

電磁石《でんじしゃく》のしくみ

鉄《てつ》の棒《ぼう》のまわりにエナメル線《せん》などをぐるぐる巻《ま》きつけて電気《でんき》を通《とお》すと磁石《じしゃく》になるよ。

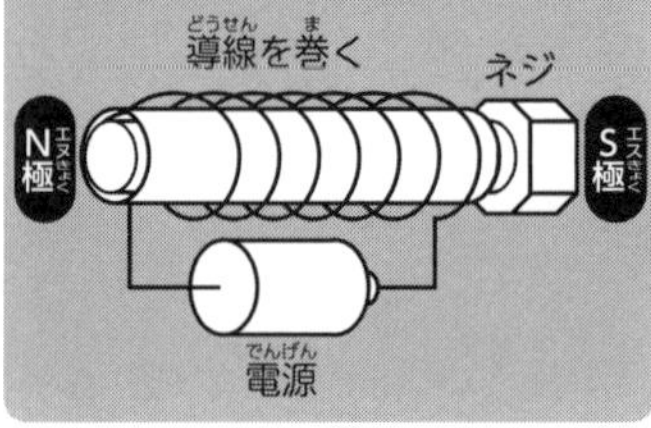

導線《どうせん》を巻《ま》く
ネジ
N極《エヌきょく》
S極《エスきょく》
電源《でんげん》

まめちしき

電《でん》磁《じ》石《しゃく》はモーターにもなるよ

磁石《じしゃく》が近《ちか》くの鉄《てつ》を引《ひ》き寄《よ》せる力《ちから》を応用《おうよう》して、さまざまなものを動《うご》かしているよ。

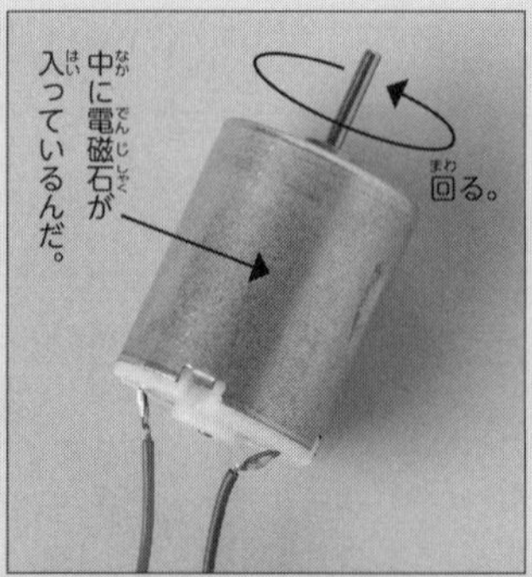

中《なか》に電磁石《でんじしゃく》が入《はい》っているんだ。
回《まわ》る。

モーター

磁石《じしゃく》で真《ま》ん中《なか》の棒《ぼう》を回転《かいてん》させているんだよ。

電気《でんき》を通《とお》したときだけ磁石《じしゃく》になるから電磁石《でんじしゃく》というのよ。

※導線《どうせん》とは、電流《でんりゅう》を通《とお》す鉄《てつ》や銅《どう》などの金属《きんぞく》を、電流《でんりゅう》を通《とお》さないエナメルやポリウレタンなどでコーティングしたもの。

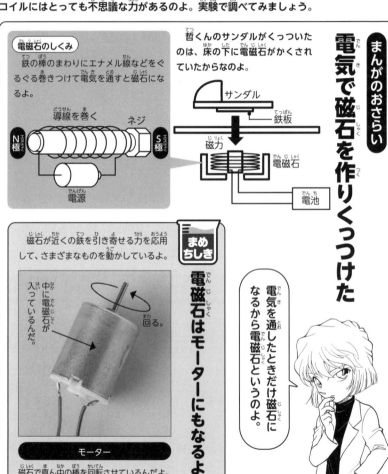

チャレンジ1

ネジを電《でん》磁《じ》石《しゃく》にしてみよう！

⚠おうちの方《かた》へ
コイルは熱《ねつ》を発《はっ》することがあります。①使《し》用《よう》する電《でん》池《ち》は、アルカリではなくマンガンにしましょう。②実《じっ》験《けん》が済《す》んだら電《でん》池《ち》を必《かなら》ず外《はず》しましょう。③通《つう》電《でん》部《ぶ》に直《ちょく》接《せつ》手《て》をふれないようにしましょう。

ストローにネジを通《とお》し、ストローの上《うえ》からエナメル線《せん》を巻《ま》いてコイルを作《つく》ります。きっちり巻《ま》いたほうが強《つよ》い磁《じ》石《しゃく》になるから、ていねいに巻《ま》きましょう。最《さい》後《ご》に、電《でん》池《ち》ボックスにつなぐ部《ぶ》分《ぶん》は、エナメル線《せん》のコーティングをやすりでしっかりけずってね。

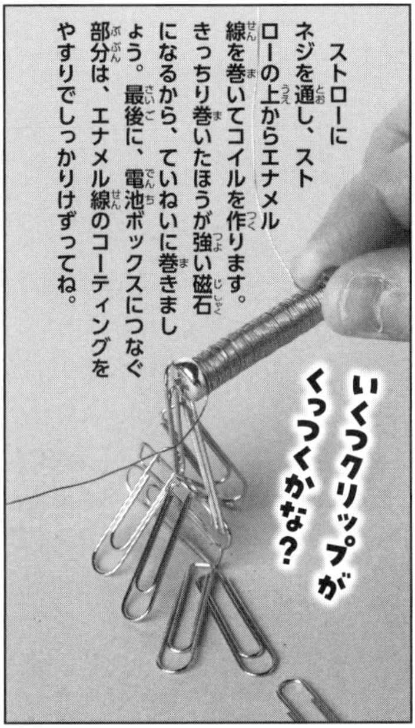
いくつクリップがくっつくかな？

やりかた

① エナメル線《せん》を通《とお》す。

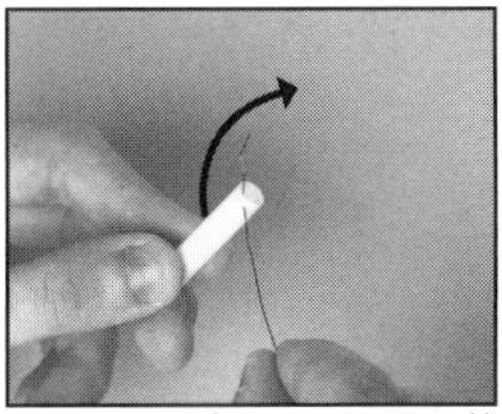

▲ストローの両《りょう》はしにクリップで穴《あな》をあけよう。その穴《あな》にエナメル線《せん》を外《そと》から中《なか》に1回通《かいとお》して、線《せん》のはしを15cm《センチメートル》ぐらい出《だ》そう。

② ネジを通《とお》して線《せん》をぐるぐる巻《ま》く。

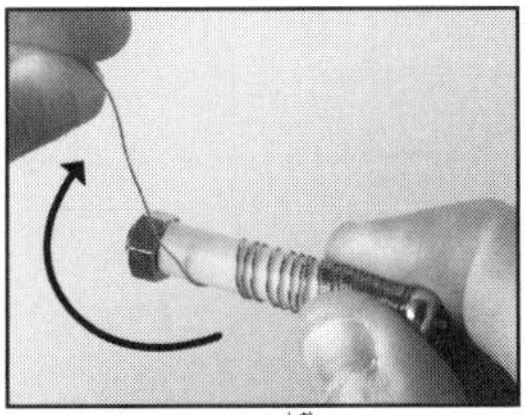

▲ストローにネジを通《とお》してから、エナメル線《せん》を巻《ま》いていく。

③ 巻《ま》き終《お》わりをとめる。

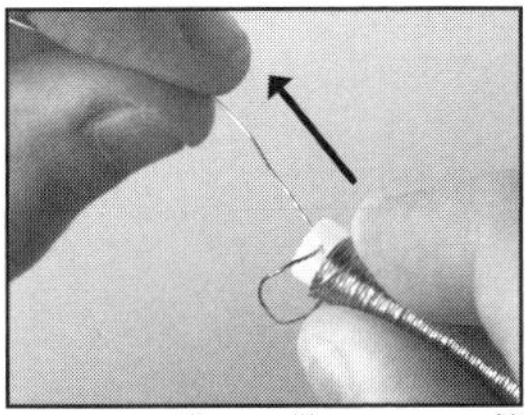

▲すきまなく巻《ま》いたら線《せん》をストローの穴《あな》に1回通《かいとお》してナットをネジにつけよう。

④ 線《せん》の両《りょう》はしをやすりでけずる。

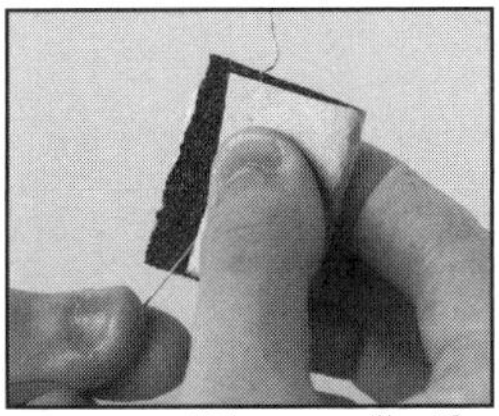

▲はしから2cm《センチメートル》ぐらい、線《せん》の色《いろ》が変《か》わるぐらいけずろう。

⑤ 電《でん》池《ち》につないで完《かん》成《せい》！

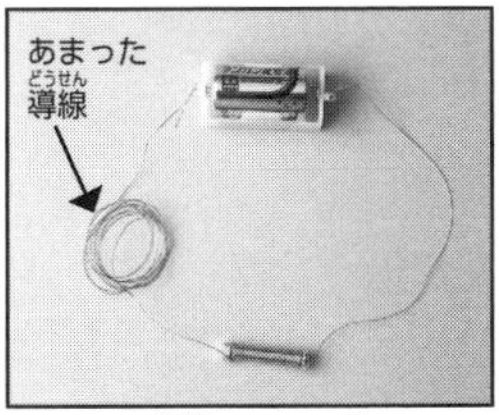
あまった
導線《どうせん》

▲あまった導線《どうせん》はゆるく巻《ま》いておこう。

用意《ようい》するもの

ネジとナット（鉄《てつ》製《せい》・太《ふと》さ5mm《ミリメートル》、長《なが》さ40mm《ミリメートル》ぐらい）、ストロー（太《ふと》さ6mm《ミリメートル》、長《なが》さ35mm《ミリメートル》ぐらい）、エナメル線《せん》（太《ふと》さ0.3mm《ミリメートル》、長《なが》さ2m《メートル》ぐらい）、電《でん》池《ち》、電《でん》池《ち》ボックス、紙《かみ》やすり、クリップ

エナメル線《せん》はポリウレタンなどの樹《じゅ》脂《し》で銅線《どうせん》をコーティングしているの。
だからとなりあう線《せん》に電《でん》気《き》が通《とお》らないのよ。

チャレンジ2

電《でん》磁《じ》石《しゃく》をパワーアップしよう！

床《ゆか》の下《した》にあった電磁石《でんじしゃく》は、大《おお》きくてコイルが何《なん》重《じゅう》にも巻《ま》いてあったの。同《おな》じようにコイルを巻《ま》く数《かず》を増《ふ》やして、磁力《じりょく》の強《つよ》さを比《くら》べてみましょう。電磁石《でんじしゃく》は、電池《でんち》の力《ちから》、導線《どうせん》の太《ふと》さ、コイルの巻《ま》いてある回数《かいすう》、真《ま》ん中《なか》に入《い》れている「しん」の材質《ざいしつ》によっても強《つよ》さが変《か》わるわ。いろいろためして、強《つよ》い電磁石《でんじしゃく》を作《つく》ってみてね。

たくさん巻《ま》くと強《つよ》い電磁石《でんじしゃく》になる…？

磁力線《じりょくせん》はその時《とき》の「磁力《じりょく》の通《とお》り道《みち》」。
それによって砂《すな》ぼこりに混《ま》じっていた砂鉄《さてつ》が引《ひ》き寄《よ》せられて、床《ゆか》に二《ふた》つの目《め》のような奇妙《きみょう》な模様《もよう》を作《つく》り出《だ》したってわけ。

やりかた

① 導線《どうせん》を巻《ま》く。

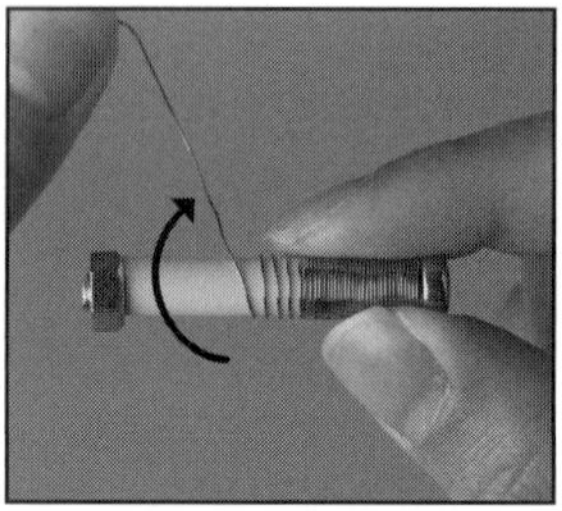

▲チャレンジ1と同《おな》じように導線《どうせん》を巻《ま》いていこう。はしまで巻《ま》けたら穴《あな》を通《とお》しておく。(チャレンジ1の続《つづ》きでもOK《オーケー》だよ)

② テープでとめて折《お》り返《かえ》す。

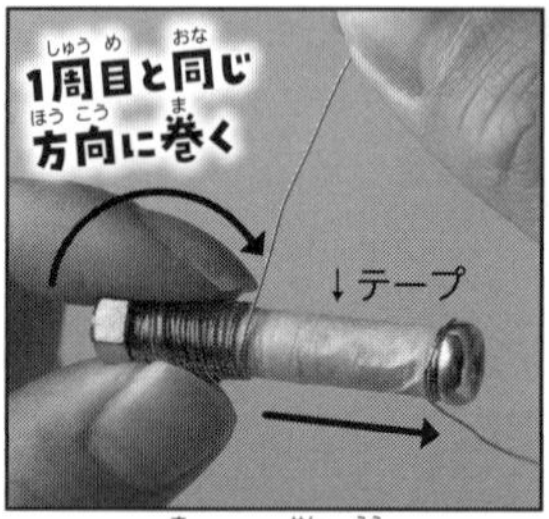

1周目《しゅうめ》と同《おな》じ方向《ほうこう》に巻《ま》く
↓テープ

▲はしまで巻《ま》いたら線《せん》の上《うえ》からテープを巻《ま》いてとめよう。その上《うえ》から線《せん》を重《かさ》ねて、折《お》り返《かえ》すように巻《ま》いていこう。

③ 一往復《いちおうふく》したら完成《かんせい》！

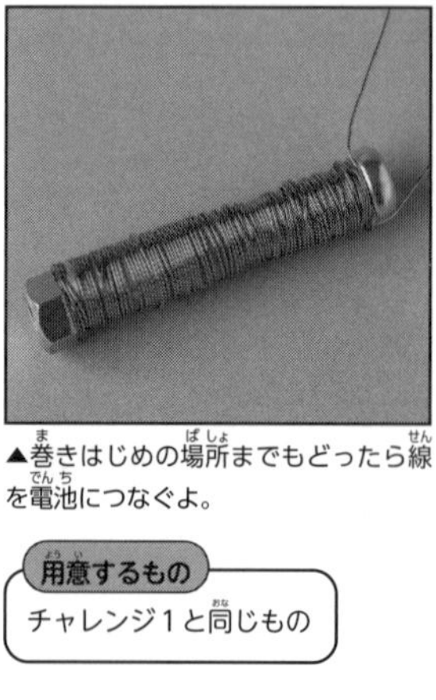

▲巻《ま》きはじめの場所《ばしょ》までもどったら線《せん》を電池《でんち》につなぐよ。

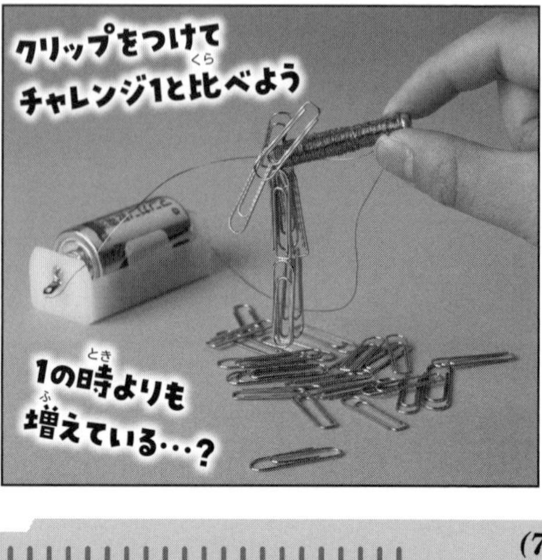

クリップをつけてチャレンジ1と比《くら》べよう
1の時《とき》よりも増《ふ》えている…？

用意《ようい》するもの

チャレンジ1と同《おな》じもの

チャレンジ3

磁《じ》力《りょく》線《せん》を観《かん》察《さつ》しよう！

床《ゆか》の上《うえ》にうかんだ「顔《かお》」は、磁《じ》石《しゃく》が砂《さ》鉄《てつ》を吸《す》い寄《よ》せた「あと」。どんな模《も》様《よう》になるのか、実《じっ》験《けん》で観《かん》察《さつ》してみましょう。N極《エヌきょく》からS極《エスきょく》に向《む》かって磁《じ》力《りょく》線《せん》のようにつながっている様《よう》子《す》が見《み》えるはずよ。

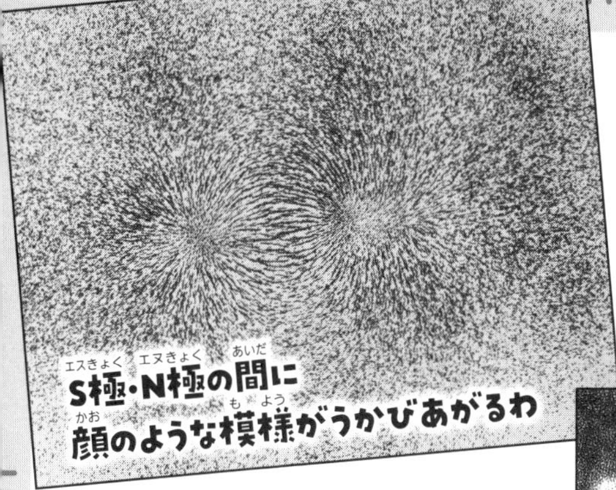
S極《エスきょく》・N極《エヌきょく》の間《あいだ》に
顔《かお》のような模《も》様《よう》がうかびあがるわ

磁《じ》力《りょく》で顔《かお》の模《も》様《よう》がうかぶ…？
ザザザ
ザザザ

用意《ようい》するもの

チャレンジ1・2で作《つく》った電《でん》磁《じ》石《しゃく》、ビニールぶくろ、白《しろ》い紙《かみ》、下《した》じき、消《け》しゴム2つ、紙《かみ》コップ、ガーゼ、輪《わ》ゴム

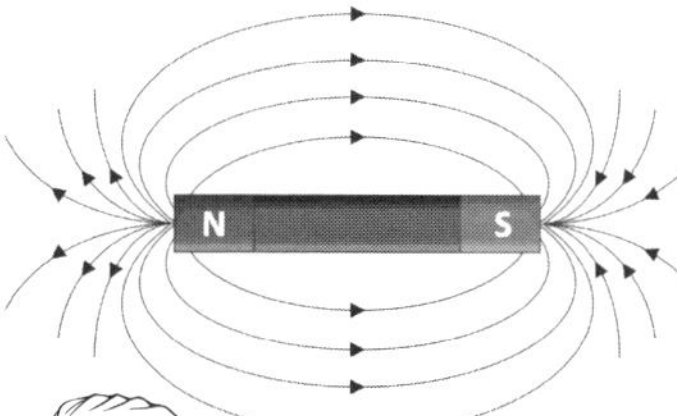
N
S

▶磁《じ》石《しゃく》周《しゅう》辺《へん》の磁《じ》力《りょく》線《せん》の流《なが》れ。

磁《じ》石《しゃく》のS極《エスきょく》とN極《エヌきょく》の間《あいだ》には、目《め》に見《み》えない力《ちから》が働《はたら》く「磁《じ》力《りょく》線《せん》」があるのよ。

やりかた

① 砂《すな》場《ば》などで砂《さ》鉄《てつ》を集《あつ》める。

▲電《でん》磁《じ》石《しゃく》(磁《じ》石《しゃく》でも可《か》)をビニールぶくろに入《い》れてから砂《すな》につけよう。

② 磁《じ》石《しゃく》を下《した》じきの裏《うら》側《がわ》にセットする。

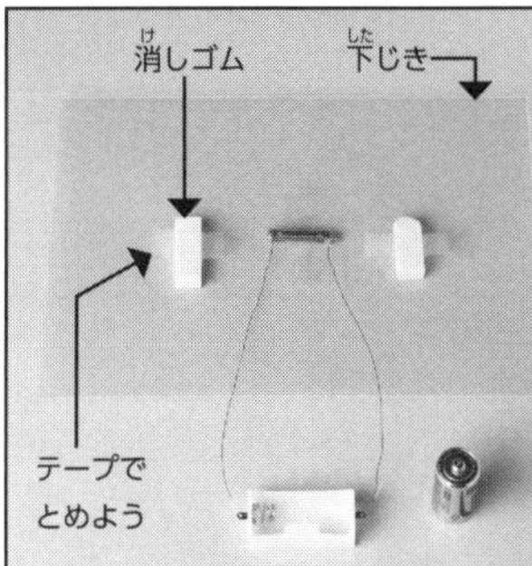
消《け》しゴム
下《した》じき
テープでとめよう

▶消《け》しゴムなどで台《だい》をつくると置《お》きやすいよ。

③ 下《した》じきをひっくり返《かえ》し紙《かみ》をのせてから、砂《さ》鉄《てつ》をまく。

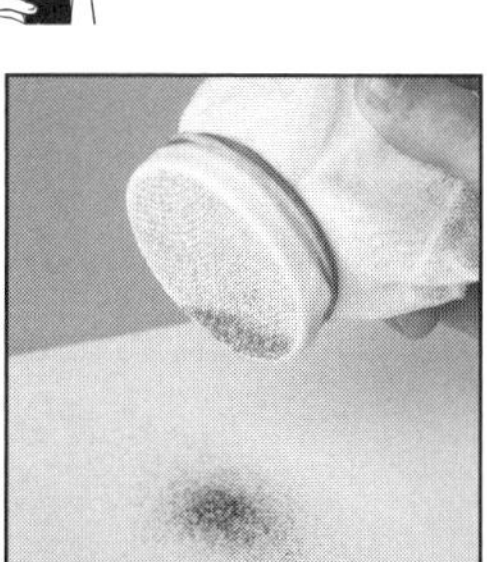

▶紙《かみ》コップに砂《さ》鉄《てつ》を入《い》れ、ガーゼを輪《わ》ゴムでとめてふたをしたら、少《すこ》しずつ砂《さ》鉄《てつ》をまこう。

CASE6：
ハイキングでサバイバル（前編《ぜんぺん》）
いい所《とこ》ですね～！
コナンくんもハイキング、一緒《いっしょ》に来《こ》られたらよかったのに～。
急用《きゅうよう》ができたそうじゃから…。
やっと事件《じけん》が解決《かいけつ》したから、これからそっちに向《む》かうよ。
そう。
江《え》戸川《どがわ》くん今《いま》からこっちに来《く》るって。
コナンくん待《ま》ってるよー！
なるべく急《いそ》いで来《き》てくださいね！
早《はや》く来《こ》ねーとおまえの分《ぶん》のおやつ食《く》っちゃうぞ!!
はは…こりゃ急《いそ》がねーとな。
そのほうがいいわね。

ポッ
！
うわっ!!
ザァアアア
雨《あめ》だ!!
いかん、急《いそ》いで雨宿《あまやど》りできる場所《ばしょ》を探《さが》すんじゃ！
きゃーっ！
あ！あそこに小屋《こや》があるぞ！
バタン
ここは…。
どうやら農作業用《のうさぎょうよう》の古《ふる》い倉庫《そうこ》みたいじゃのう。
少《すこ》し雨宿《あまやど》りさせてもらおう。
ザァアアア
ぜんぜんやみそうにないね。
ザー
それに暗《くら》いしちょっと寒《さむ》くなってきました…。
いたたたた…!!
博士《はかせ》!?

急《きゅう》に走《はし》ったのと雨《あめ》で体《からだ》が冷《ひ》えて…。
持病《じびょう》の腰痛《ようつう》が…。
ええ、どうしよう！
なにか腰《こし》を温《あたた》めるものはないかのう。
カイロとか湯《ゆ》たんぽとか…。
そんな都合《つごう》よくありませんよ〜！
誰《だれ》かアルミホイルを持《も》ってない？
あ、オレ持《も》ってるぜ！
お皿《さら》の代《か》わりにしようと思《おも》って…。
アルミホイルでどうするんです？
こうするのよ。
ピッ
ガサ
ガサ

※実際《じっさい》には下着《したぎ》の上《うえ》から巻《ま》いた方《ほう》が効果的《こうかてき》です。

※実験《じっけん》する場合《ばあい》は必《かなら》ず保護者《ほごしゃ》の方《かた》と一緒《いっしょ》にしてください。

ズガァァン
ズン
きゃーっ!!
うわあぁ!!
ドアが開《あ》かないわ…!
グッ
グッ
たぶん今《いま》の落雷《らくらい》で倒《たお》れた木《き》がドアをふさいだのね。
ええっ!?
やだー閉《と》じこめられちゃったの!?
大丈夫《だいじょうぶ》よ、江戸川《えどがわ》くんに助《たす》けを呼《よ》んでもらうわ。
しかしいっそう雨《あめ》が激《はげ》しくなってきたぞい…。
ここも雨《あま》もりが…。
ピチョン
ピチョン

ブーブーッ
今駅《いまえき》に着《つ》いたけど、
雨《あめ》がスゲーから
ちょっと落《お》ち着《つ》いてから
そっちに向《む》かうよ。
ザアアアア
オメーらは
どこで雨宿《あまやど》り
してるんだ?
近《ちか》くにあった
古《ふる》い倉庫《そうこ》よ。
でも落雷《らくらい》で
倒《たお》れた木《き》が
ドアをふさいで
出《で》られなく
なってるの。
なに!?
みんな無事《ぶじ》か!?
ええ。
お、おい
なんだあれ…。
ユラ…
!!
うわあああ!!
お、
おばけ!?
!?

シュウウウ…
……!!
灰原《はいばら》、今《いま》の悲鳴《ひめい》はなんだ!?
雨《あま》もりしてるのに…。
…向《む》こうでなにかあったみたい。
ちょっと見《み》てくるわ。
なんで蒸気《じょうき》が!?
江戸川《えどがわ》くん、こんな天候《てんこう》の中《なか》悪《わる》いけど急《いそ》いで来《き》て!
ブツッ
あっ、おい灰原《はいばら》!!
まさか…。

CASE6：ハイキングでサバイバル（後編《こうへん》）
間違《まちが》いない、あれは蒸気《じょうき》だわ…。
なんでこんな所《ところ》で!?
パッ
あの袋《ふくろ》ね…。
!
生石灰《せいせっかい》…やっぱり!!
袋《ふくろ》が破《やぶ》れてたのね…そこに雨《あま》もりが…!
生石灰
熱《あつ》っ!
ムワッ
かなり高温《こうおん》になってる…。
これじゃもうさわるのも近《ちか》づくのも無理《むり》ね。

このままじゃ火事《かじ》に…!!
でも逃《に》げようにも倒《たお》れた木《き》でドアがふさがれている…!!
落《お》ち着《つ》いて…! なんとかしなきゃ。
…そうだわ!
ここは農作業小屋《のうさぎょうごや》…だとしたら…。
…あれがあるかも!
キョロ
キョロ
あった!!
うまくいけばこれで熱《ねつ》を冷《さ》ますことができるわ!
ええっ!? 火《ひ》が出《で》そうに!?
ど…どうしよう!!
大丈夫《だいじょうぶ》あわてないで。
今《いま》から私《わたし》の言《い》うとおりにして。

ザアアアア…
アルミホイルをしきつめて…？
ホントにこれで火《ひ》が出《で》ないようにできるの？
ええ。
ここにこの尿素《にょうそ》の袋《ふくろ》を置《お》けばいいんですね。
ええ。
この袋《ふくろ》をアルミホイルで包《つつ》んで…。
ガサ
ガサ
尿素
小嶋《こじま》くん、スコップでここに穴《あな》を空《あ》けてちょうだい。
まかせとけ！
ザクッ
よっ
あとはこれを石灰袋《せっかいぶくろ》の上《うえ》に置《お》くだけだけど…、
あの蒸気《じょうき》の勢《いきお》いだと近《ちか》づくのは危険《きけん》…ここから投《な》げるしかないわ。
でもこんな重《おも》いのボクたちでちゃんと投《な》げられますかね…。

ワシに任《まか》せろ!!
え? でも博士《はかせ》腰《こし》が…。
温《あたた》まってだいぶ良《よ》くなった!
ポンポン
哀《あい》くんが腰《こし》に巻《ま》いてくれたアルミホイルのおかげじゃ!
そりゃっ!!
ブンッ
ドサッ
ポタ
ポタ
シュウウウ…
シュウ
シュウ
…蒸気《じょうき》がおさまってきたぞ!
やったあ!!

生石灰《せいせっかい》の発熱反応《はつねつはんのう》に尿素《にょうそ》の吸熱反応《きゅうねつはんのう》をぶつけてみたんだけどうまくいったわね。
どういうこと？
蒸気《じょうき》が出《で》ていた袋《ふくろ》は生石灰《せいせっかい》…、「石灰《せっかい》」は水《みず》と反応《はんのう》すると熱《ねつ》が発生《はっせい》して高温《こうおん》になるの。
一方《いっぽう》「尿素《にょうそ》」は水《みず》と反応《はんのう》すると熱《ねつ》を吸収《きゅうしゅう》して冷《つめ》たくなるの。
尿素
生石灰
尿素《にょうそ》の袋《ふくろ》をアルミホイルで包《つつ》んだのはどうしてですか？
アルミホイルの高《たか》い熱伝導《ねつでんどう》を利用《りよう》して、さらに冷《つめ》たくなるようにしたのよ。
科学《かがく》の力《ちから》でなんとかできたわね。
あなたたちと博士《はかせ》も手伝《てつだ》ってくれたし。
えへへ…。

バキ
バキッ
ガサガサ
みんな無事《ぶじ》か!?
コナン!
コナンくん!!
倒木《とうぼく》はキック力増強《りょくぞうきょう》シューズでどかしたから大丈夫《だいじょうぶ》だ。
そっちは?
ええ、なんとかなったわ。
もう雨《あめ》も上《あ》がってるぜ。
うわー! 晴《は》れたー!!
ハイキングの続《つづ》きをしましょう!!
コナンも来《き》たしな!!
いてて…無理《むり》して腰痛《ようつう》が悪化《あっか》してしまったわい…。
博士《はかせ》には医学《いがく》の力《ちから》が必要《ひつよう》ね。

灰《はい》原《ばら》哀《あい》の科《か》学《がく》実《じっ》験《けん》室《しつ》⑯ ～科学《かがく》の力《ちから》で ホット&《アンド》クール～

Ai's Labo《アイズラボ》

化学反応《かがくはんのう》が起《お》こるとき、冷《つめ》たくなるのが吸熱反応《きゅうねつはんのう》、温《あたた》かくなるのが発熱反応《はつねつはんのう》よ。非常時《ひじょうじ》にも役《やく》に立《た》つ2つの反応《はんのう》がどうして起《お》こるのか、実験《じっけん》して調《しら》べてみましょう。

まんがのおさらい

熱《ねつ》を伝《つた》え、反《はん》射《しゃ》するアルミのふしぎ

アルミニウム(アルミ)は、条件《じょうけん》によって温《あたた》かさや冷《つめ》たさを伝《つた》えたり反射《はんしゃ》したり、違《ちが》った性質《せいしつ》を持《も》ちあわせているの。熱《あつ》くなってしまった石灰《せっかい》を冷《ひ》やすときには「伝《つた》わりやすさ」を、博士《はかせ》の腰《こし》を温《あたた》めたときは「反射《はんしゃ》しやすさ」を利用《りよう》したのよ。

ホイル焼《や》きにされたような気分《きぶん》じゃが……
ガサッ
はじく
冷《れい》
空気《くうき》
アルミ
空気《くうき》
熱《ねつ》

アルミは熱《ねつ》を反射《はんしゃ》する

▶寒《さむ》いときは、体《からだ》の熱《ねつ》がうばわれてしまうわ。でも、アルミホイルを体《からだ》に巻《ま》くと、外気《がいき》の冷《つめ》たさも、自分《じぶん》の体温《たいおん》も反射《はんしゃ》するの。防災《ぼうさい》グッズのアルミシートも、熱《ねつ》を反射《はんしゃ》する仕組《しく》みを利用《りよう》しているのよ。

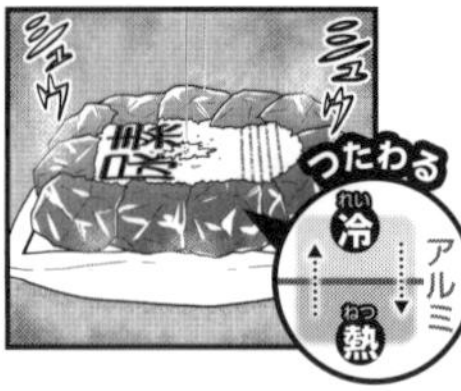

シュウ
シュウ
つたわる
冷《れい》
アルミ
熱《ねつ》

アルミは熱《ねつ》を伝《つた》える

◀アルミホイルに液体《えきたい》や固体《こたい》が直接《ちょくせつ》ふれた場合《ばあい》は、中《なか》の熱《あつ》さや冷《つめ》たさが伝《つた》わりやすくなるの。アルミは熱《ねつ》を伝《つた》えやすい素材《そざい》なのよ。

水《みず》と反応《はんのう》して熱《あつ》くなるもの、冷《つめ》たくなるもの

倉庫《そうこ》にあった「生石灰《せいせっかい》」と「尿素《にょうそ》」は、野菜《やさい》を育《そだ》てるときに肥料《ひりょう》として使《つか》われているのよ。生石灰《せいせっかい》は水《みず》にふれると激《はげ》しく反応《はんのう》して高温《こうおん》になり、石灰水《せっかいすい》ができる。この時《とき》の反応《はんのう》で可燃物《かねんぶつ》に引火《いんか》して、大《おお》きな火災《かさい》が発生《はっせい》したこともあるのよ……。

一方《いっぽう》で尿素《にょうそ》は、水《みず》に溶《と》けるとき、熱《ねつ》を吸収《きゅうしゅう》して冷《つめ》たくなる。まんがではこの性質《せいしつ》を利用《りよう》して、火災《かさい》を防《ふせ》いだのよ。

ガサ
ガサ
尿素

尿素《にょうそ》+水《みず》→尿素水《にょうそすい》+冷《れい》

生石灰

生石灰《せいせっかい》+水《みず》→石灰水《せっかいすい》+熱《ねつ》

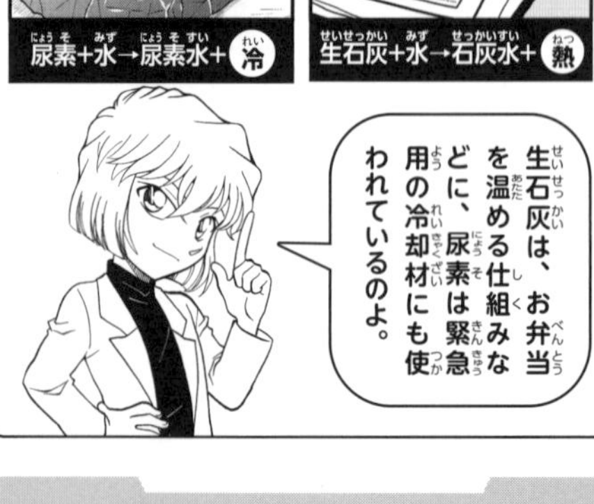

生石灰《せいせっかい》は、お弁当《べんとう》を温《あたた》める仕組《しく》みなどに、尿素《にょうそ》は緊急《きんきゅう》用《よう》の冷却材《れいきゃくざい》にも使《つか》われているのよ。

用意《ようい》するもの
乾電池《かんでんち》、アルミホイル、軍手《ぐんて》

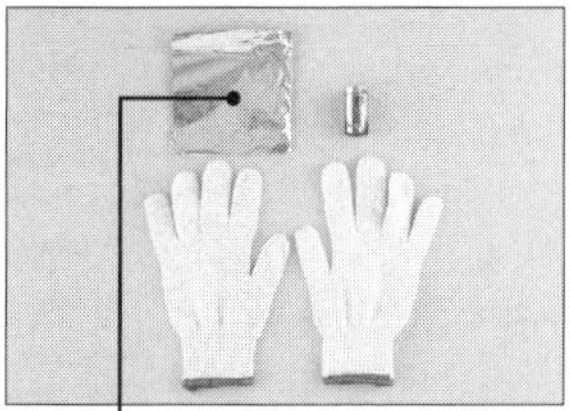

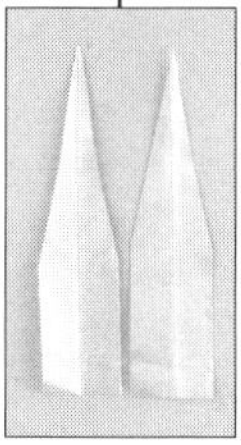

◀細長《ほそなが》く切《き》ったアルミホイルはできるだけ先《さき》をとがらせること。

発火《はっか》!?
Panasonic

チャレンジ1 アルミホイルで着火《ちゃっか》

やりかた

① 5㎝《センチメートル》×2㎝《センチメートル》ぐらいに切《き》ったアルミホイルの片側《かたがわ》を山形《やまがた》にとがらせ、とがらせていない方《ほう》を乾電池《かんでんち》の＋《プラス》と－《マイナス》にしっかりくっつけるよ。

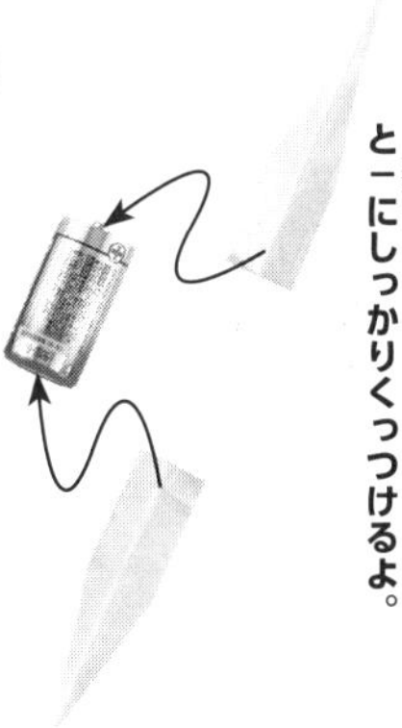

② とがらせたほうのアルミの先端同《せんたんどう》士《し》を触《ふ》れさせると、火花《ひばな》が散《ち》って火《ひ》がおこせるよ。（危《あぶ》ないので、実験《じっけん》するときは大人《おとな》が見《み》ているところですること。軍《ぐん》手《て》もしよう）

周《まわ》りに燃《も》えやすいもののない場所《ばしょ》で実験《じっけん》してね。

まめちしき どうして火《ひ》がつくの？

アルミは電気《でんき》を通《とお》す素材《そざい》よ。電気《でんき》は通《とお》り道《みち》が細《ほそ》くなると、通《とお》れなくなった分《ぶん》のエネルギーを光《ひかり》や熱《ねつ》に変《か》える性質《せいしつ》があるの。アルミホイルのとがった先端《せんたん》では、電気《でんき》が行《い》き場《ば》をなくして熱《ねつ》に変《か》わり、火《ひ》が付《つ》いたというわけ。

⚠ 実験《じっけん》は必《かなら》ず保護者《ほごしゃ》の方《かた》と一緒《いっしょ》に行《おこな》ってください。
電池《でんち》の実験《じっけん》の後《あと》は必《かなら》ず消火《しょうか》してアルミホイルと電池《でんち》を分《わ》けてください。

チャレンジ2

温《おん》度《ど》を下《さ》げてみよう

ポンとたたくと温《おん》度《ど》が下《さ》がる、冷《ひ》え冷《び》えパックを作《つく》るよ。

アルミホイルで作《つく》った袋《ふくろ》は、たたくと簡《かん》単《たん》にやぶれ、水《みず》がもれてくるよ。尿《にょう》素《そ》が溶《と》けたら、どのぐらい温《おん》度《ど》が下《さ》がるか測《はか》ってみてね。

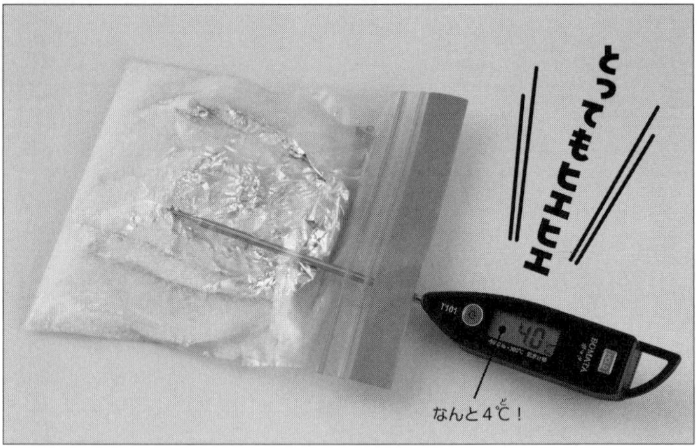
とってもヒエヒエ
なんと4℃《ど》！

用《よう》意《い》するもの

尿《にょう》素《そ》(50g《グラム》)、水《みず》(50mL《ミリリットル》)、アルミホイル、ジッパー袋《ぶくろ》

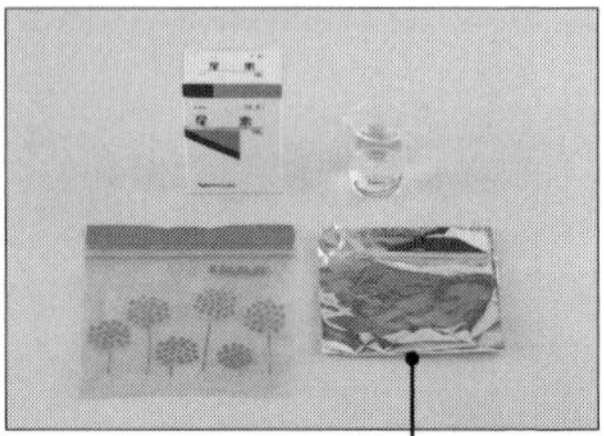

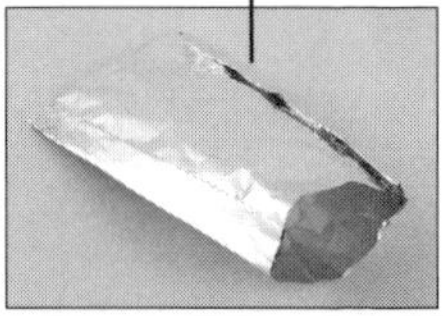

▶アルミホイルのはしを何《なん》回《かい》か折《お》って、ふくろ状《じょう》にする。

やりかた

① アルミホイルで袋《ふくろ》を作《つく》り、水《みず》を入《い》れよう。

② 尿《にょう》素《そ》を入《い》れたジッパー袋《ぶくろ》に、①のアルミ袋《ぶくろ》を入《い》れよう。

ポン!

③ アルミの袋《ふくろ》をたたいて、中《なか》の水《みず》を外《そと》にもれさせよう。

⚠ 実《じっ》験《けん》は必《かなら》ず保《ほ》護《ご》者《しゃ》の方《がた》と一《いっ》緒《しょ》に行《おこな》ってください。尿《にょう》素《そ》は刺《し》激《げき》が少《すく》なく化《け》粧《しょう》水《すい》にも使《つか》われるものですが、目《め》などに入《はい》らないようにご注《ちゅう》意《い》ください。実《じっ》験《けん》後《ご》はよく手《て》を洗《あら》ってください。

名探偵コナン 灰原哀の科学事件《サイエンストリック》ファイル

CASE7：消《き》えたクリスマスの天使《てん し》

この中央《ちゅうおう》にクリスマスの天使《てんし》がいたんですが、
突然《とつぜん》、消《き》えてしまいまして…。
消《き》えた!?
ど、どういうこと!?
わかりません。水槽《すいそう》の中《なか》にべつの水槽《すいそう》を入《い》れて、クリスマスの天使《てんし》だけその中《なか》に展示《てんじ》していたんですが…。
こんなに透明《とうめい》な水槽《すいそう》から金魚《きんぎょ》が急《きゅう》に消《き》えることってある…?
もうなにがなにやら…。
なるほど…これは事件《じけん》のニオイがするわね…!
それならここは推理《すいり》クイーンの出番《でばん》じゃない!?
へ!?
あ、そ、そうね…。
この私《わたし》、推理《すいり》クイーン園子《そのこ》に任《まか》せなさい!
オホホ
ホホ
蘭《らん》も無茶《むちゃ》ぶりだなオイ…。
まずは周囲《しゅうい》に聞《き》きこみよ!!

水槽《すいそう》の照明《しょうめい》の最終調整時《さいしゅうちょうせいじ》にスタッフの人《ひと》たちが口論《こうろん》してましたよ。
カメラマン
なんか「天使《てんし》に近《ちか》づくな!」って女性《じょせい》スタッフがおこってました。
天使《てんし》に近《ちか》づくな…。
金魚販売《きんぎょはんばい》業者《ぎょうしゃ》
あの天使《てんし》はすばらしい…オープニングイベントで見《み》ました!
ほら、これ写真《しゃしん》です!
……。
おれたち一番乗《いちばんの》りで来《き》たんだけど天使《てんし》見《み》れなかったんだ。
サイリウム使《つか》って写真撮《しゃしんと》ろうと思《おも》ってたのにね。
お客《きゃく》のカップル
さっきカメラマンから聞《き》いたわよ、なぎささん。
「天使《てんし》に近《ちか》づくな!」ってどういうつもり?
…すみません…。
アルバイトスタッフ
う～ん…。
なにかわかった?
そ、そうね…。
つまりオープニング前《まえ》には金魚《きんぎょ》はいて…、開場《かいじょう》したら消《き》えてたってことね…!
さっぱりわかんねーんだろーな…。
やっぱりいないのかな～。

おーい。
フリフリ
どこに行《い》っちゃったの～?
…灰原《はいばら》、オメーもわかっただろ? 手《て》を触《ふ》れずに消《け》す方法《ほうほう》が。
ええ。
見《み》えなくても天使《てんし》はいつも見守《みまも》っている…ってとこかしらね。
あれれ～? なんだろ?
水槽《すいそう》の中《なか》の箱《はこ》がキラキラしてるよ?
え…? お客《きゃく》さんのサイリウムかな?
…ん? ちょっと待《ま》って!
ダッ
キラッ

!
確《たし》かに、クリスマスの天使《てんし》が入《はい》っていた水槽《すいそう》がキラッと光《ひか》るわね…。
光《ひかり》をよく見《み》て…。
その水槽《すいそう》のおくはどう？
おくって…見《み》えないけど…。
園子《そのこ》のサイリウムが映《うつ》ってるだけ…。
あ！ これ、もしかして鏡《かがみ》!?
でもオープニングでは中《なか》が見《み》えてたんでしょ？どういうこと？
おそらく、マジックミラーがしかけてあるのよ。
このクリスマスの天使《てんし》の水槽《すいそう》にだけ。
マジックミラー？
マジックミラーは中《なか》と外《そと》の明《あか》るさの差《さ》によって半透明《はんとうめい》のガラスになったり鏡《かがみ》になったりする性質《せいしつ》があるの。

さっき聞《き》きこみのときに見《み》せてもらった写真《しゃしん》を思《おも》い出《だ》して。
開場前《かいじょうまえ》は水槽《すいそう》にライトがあったのに今《いま》はないよね。
そういえば…!
おそらく犯人《はんにん》は水槽《すいそう》にマジックミラーを設置《せっち》し、
オープニングのときは中《なか》のライトをつけて金魚《きんぎょ》が見《み》えるようにした。
そしてお客《きゃく》さんの来場《らいじょう》と共《とも》に中《なか》のライトを消《け》す。
すると鏡《かがみ》の周《まわ》りの風景《ふうけい》が映《うつ》るからまるで金魚《きんぎょ》がいなくなったように見《み》える。
光《ひかり》が反射《はんしゃ》
それができたのはライトアップの準備《じゅんび》をした人《ひと》だけ…。
スッ
つまりあなたよ!

なぎささん。
!!
確《たし》かに準備《じゅんび》は私《わたし》がやったわ。
でもライトの点灯制御《てんとうせいぎょ》までは…。
いや、できるよ。
これを使《つか》えばね。
…!!
……。
バレてしまったのね…。
そう、この光《ひかり》は2時間《じかん》で切《き》れるように設定《せってい》されているわ。
このサイリウムを開場《かいじょう》2時間前《じかんまえ》に天使《てんし》の水槽《すいそう》の上《うえ》に置《お》いていたの…。
トプ……
あっいた!!
じゃあ金魚《きんぎょ》は消《き》えてなかったの!?

そういうこと。
この子《こ》はずっとこの中《なか》にいたのよ。
…クリスマスの天使《てんし》は私《わたし》と父《ちち》・米戸琉治《よねとりゅうじ》でつくった初《はじ》めての金魚《きんぎょ》。でも波根《なみね》さんを知《し》るうちに、金魚《きんぎょ》たちや〝天使《てんし》〟が大切《たいせつ》にあつかわれないことに気《き》づいて…。
それで、こんなイベントならやらないほうがいい、台無《だいな》しにしてやろうと思《おも》ってスタッフとして参加《さんか》したんです。
男性《だんせい》スタッフに「天使《てんし》に近《ちか》づくな」って怒《おこ》ったのも…。
ええ…金魚《きんぎょ》を雑《ざつ》にあつかうのを見《み》てられなくて、つい…
みなさん、本当《ほんとう》にごめんなさい。
ブリーダーのむすめさんだったなんて…。
大切《たいせつ》に育《そだ》てた金魚《きんぎょ》たちを守《まも》るためにこんなことをした…。
気持《きも》ちはわかるけどイベントをつぶすなんてしてはいけないこと…だけど、
波根《なみね》さんももう少《すこ》しお魚《さかな》を大事《だいじ》にしてあげてね!
ええ…申《もう》し訳《わけ》なかったわ…。
鏡《かがみ》が真実《しんじつ》を映《うつ》すとは限《かぎ》らないわね。
だな。
パシャッ
あ、やっぱり写真《しゃしん》は撮《と》るのね…。

灰原《はいばら》哀《あい》の科学《かがく》実験室《じっけんしつ》7

Ai's Labo《アイズラボ》

～光《ひかり》と鏡《かがみ》で消《き》える、増《ふ》える!?～

鏡《かがみ》は光《ひかり》を反射《はんしゃ》することで、ものを映《うつ》しているの。今回《こんかい》は、犯人《はんにん》が使《つか》ったマジックミラーと鏡《かがみ》で、光《ひかり》の反射《はんしゃ》を利用《りよう》した実験《じっけん》をしましょう。

消《き》えたように見《み》えたけど

この中央《ちゅうおう》にクリスマスの天使《てんし》がいたんですが、
突然《とつぜん》、消《き》えてしまいまして…。

実《じつ》はその場《ば》にいた!!

あっいた!!
じゃあ金魚は消えてなかったの!?

光《ひかり》の加減《かげん》で鏡《かがみ》になったりガラスになったりするものをマジックミラーというのよ。

まんがのおさらい

マジックミラーで金魚《きんぎょ》が消《き》える!?

水槽《すいそう》の中《なか》の「クリスマスの天使《てんし》」が消《き》えたように見《み》えたのは、水槽内《すいそうない》にマジックミラー（ハーフミラー）を入《い》れていたから。マジックミラーは暗《くら》いほうから明《あか》るいほうを見《み》ると透明《とうめい》に、明《あか》るいほうから暗《くら》いほうを見《み》ると鏡《かがみ》に見《み》える性質《せいしつ》があるの。この性質《せいしつ》を利用《りよう》して犯人《はんにん》は金《きん》魚《ぎょ》の入《はい》っている箱《はこ》を鏡《かがみ》にし、周囲《しゅうい》を映《うつ》して箱《はこ》に金魚《きんぎょ》がいないように見《み》せていたのよ。

そしてお客さんの来場と共に中のライトを消す。
すると鏡の周りの風景が映るからまるで金魚がいなくなったように見える。
光《ひかり》が反射《はんしゃ》

チャレンジ1

マジックミラーで金魚《きんぎょ》が出現《しゅつげん》

マジックミラーのしくみを、実験《じっけん》で確認《かくにん》してみましょう。部屋《へや》の明《あ》かりよりも明《あか》るいランプをおくに置《お》くと、鏡《かがみ》が透明《とうめい》なガラスのようになるよ。

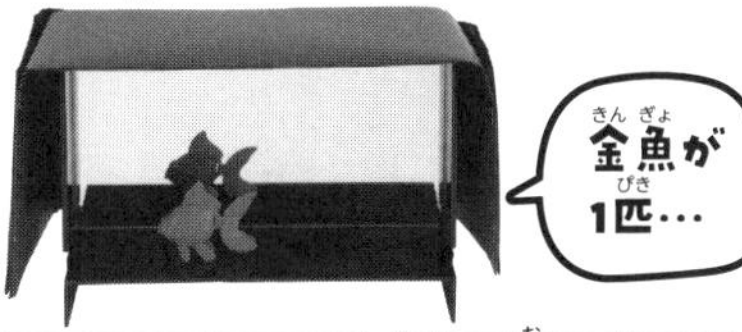
金魚《きんぎょ》が
1匹《ぴき》…

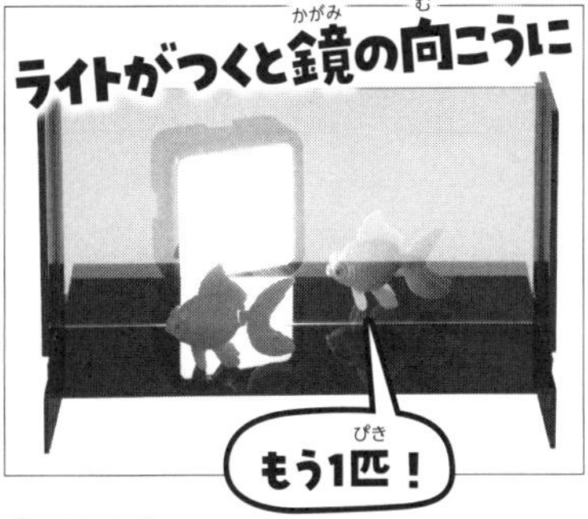
ライトがつくと鏡《かがみ》の向《む》こうに
もう1匹《ぴき》！

用意《ようい》するもの

窓《まど》用《よう》目《め》かくしフィルム
(ハーフミラーフィルム)、
透明《とうめい》アクリル板《ばん》、ライト、
黒《くろ》い布《ぬの》や紙《かみ》、金魚《きんぎょ》(他《ほか》の物《もの》で可《か》)

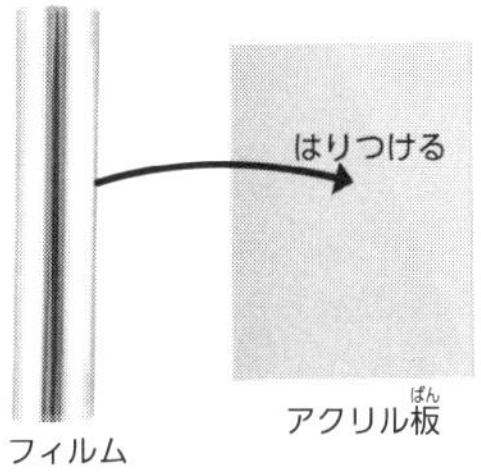
はりつける
フィルム
アクリル板《ばん》

透明《とうめい》のアクリル板《ばん》にフィルムをはりつけるとマジックミラーになるよ。

やりかた

① 鏡《かがみ》の手前《てまえ》とおくに金魚《きんぎょ》を置《お》き、おくの金魚《きんぎょ》の後《うし》ろにライトを置《お》こう。

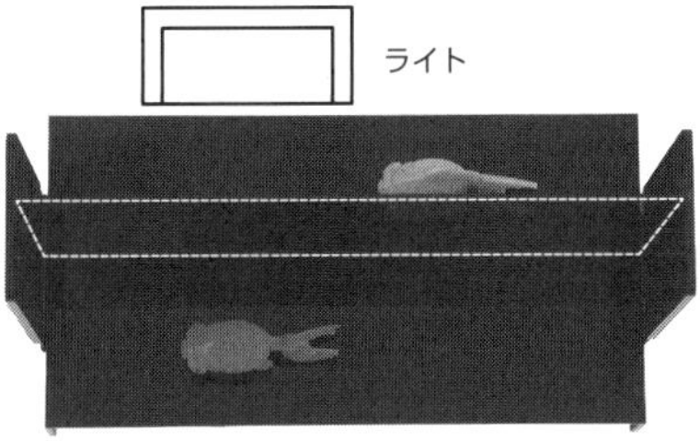
ライト

② 黒《くろ》い布《ぬの》や紙《かみ》で光《ひかり》をさえぎったり、もどしたりすると、金魚《きんぎょ》が消《き》えたり現《あらわ》れたりするよ。

光《ひかり》が当《あ》たると透《す》けて見《み》えるよ

まめちしき マジックミラーのしくみ

マジックミラーは光《ひかり》を半分《はんぶん》ほど透《とう》過《か》する特徴《とくちょう》がある。だから手前《てまえ》が暗《くら》く、おくが明《あか》るいと透《す》けて見《み》えるよ。

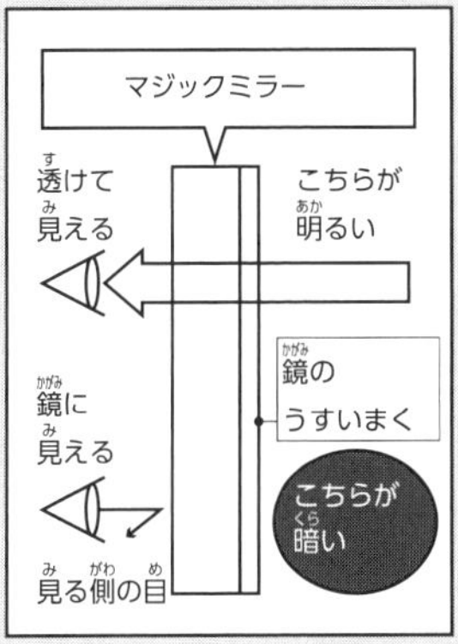
マジックミラー
透《す》けて見《み》える
こちらが明《あか》るい
鏡《かがみ》のうすいまく
鏡《かがみ》に見《み》える
こちらが暗《くら》い
見《み》る側《がわ》の目《め》

チャレンジ2

鏡《かがみ》を使《つか》って不思議《ふしぎ》な世界《せかい》を作《つく》ろう

2枚《まい》の鏡《かがみ》をはりあわせ、そのまん中《なか》に金魚《きんぎょ》などの人形《にんぎょう》を置《お》くと、金魚《きんぎょ》がいくつにも見《み》えるよ。よく見《み》ると正面《しょうめん》に映《うつ》る金魚《きんぎょ》のしっぽと頭《あたま》が逆《ぎゃく》になっているね。さらに鏡《かがみ》をせばめると金魚《きんぎょ》の数《かず》が増《ふ》えるんだ。

用意《ようい》するもの

ふつうの鏡《かがみ》2枚《まい》、金魚《きんぎょ》(他《ほか》の物《もの》で可《か》)

やりかた

① 2枚《まい》の鏡《かがみ》を立《た》てて直角《ちょっかく》にする。

90度《ど》

② 金魚《きんぎょ》を鏡《かがみ》それぞれの中心《ちゅうしん》の位置《いち》に置《お》く。

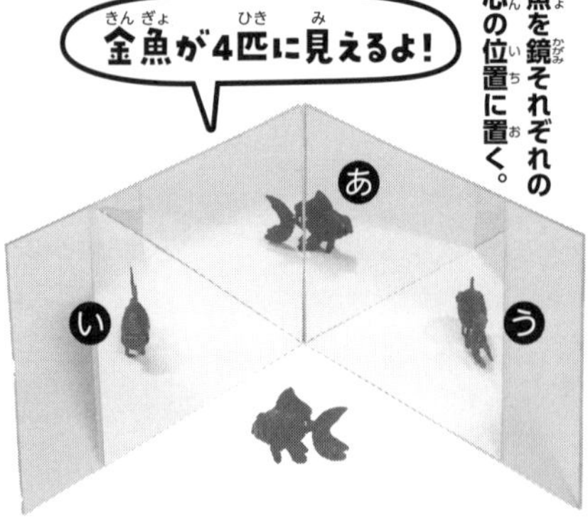
金魚《きんぎょ》が4匹《ひき》に見《み》えるよ！
あ
い
う

③ 金魚《きんぎょ》を動《うご》かさずに、鏡《かがみ》をせばめる。

金魚《きんぎょ》が増《ふ》えた！

まめちしき

ふしぎな鏡《かがみ》のしくみ

②の写真《しゃしん》のように中央《ちゅうおう》に映《うつ》る金魚《きんぎょ》あの頭《あたま》が反《はん》対《たい》に見《み》えるのは、左《ひだり》の図《ず》のように左側《ひだりがわ》の鏡《かがみ》に映《うつ》った頭《あたま》が反射《はんしゃ》し、右《みぎ》の鏡《かがみ》に映《うつ》って見《み》えるからだよ。

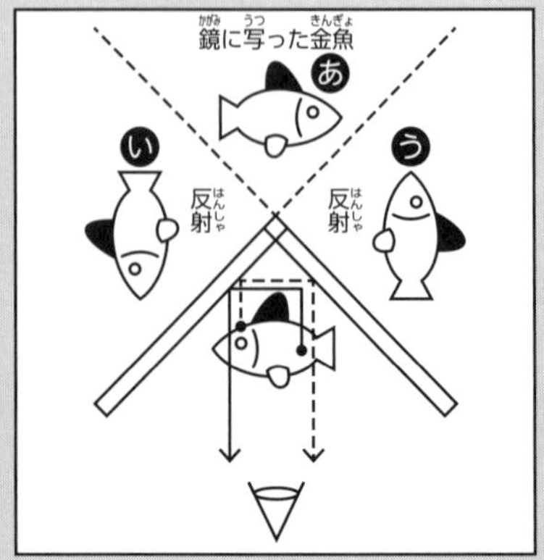
鏡《かがみ》に写《うつ》った金魚《きんぎょ》
あ
い
う
反射《はんしゃ》
反射《はんしゃ》

鏡《かがみ》をせばめると反射《はんしゃ》する回数《かいすう》が増《ふ》えるから金魚《きんぎょ》も増《ふ》えて見《み》えるのよ。

チャレンジ 3 無限《むげん》の鏡《かがみ》を作《つく》ろう

鏡《かがみ》とマジックミラーの間《あいだ》に、ランプなどの光《ひか》るものを1つ置《お》くと、ランプが無限《むげん》につらなって見《み》えるよ。遠《とお》くになるほど光《ひかり》が、ぼんやり見《み》えて不思議《ふしぎ》だね。

おくに続《つづ》く無限《むげん》の部屋《へや》？

やりかた

① 内側《うちがわ》が黒《くろ》い箱《はこ》を用意《ようい》し、片面《かためん》に鏡《かがみ》をはり、もう片面《かためん》にマジックミラーを用意《ようい》する。

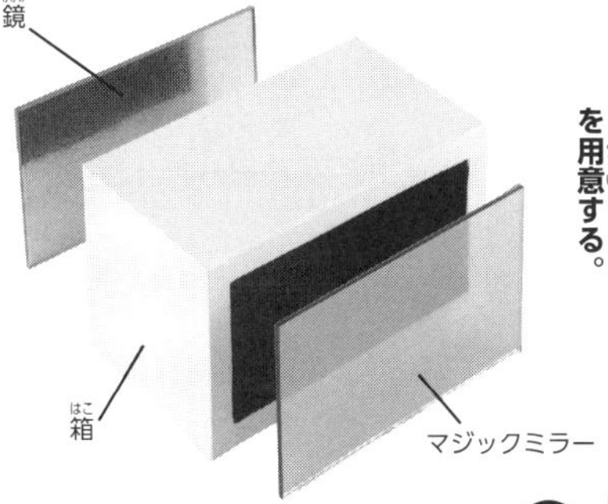

② 中《なか》にランプなどを置《お》いてから、マジックミラーでふたをする。

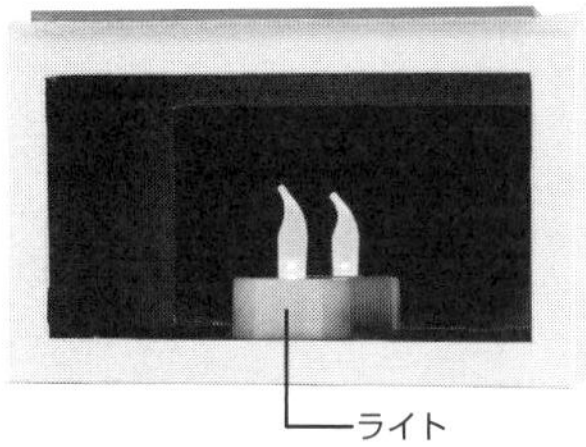

用意《ようい》するもの

2面《めん》がぬけた箱《はこ》、ふつうの鏡《かがみ》、マジックミラー、小《ちい》さなライト

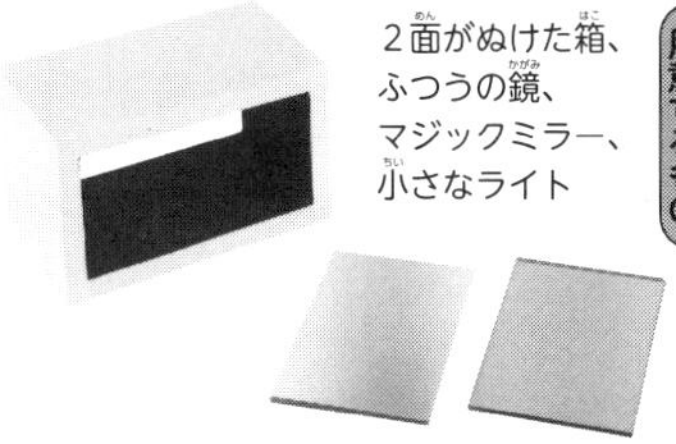

まめちしき マジックミラーの合《あ》わせ鏡《かがみ》

鏡《かがみ》どうしを向《む》かい合《あ》わせる「合《あ》わせ鏡《かがみ》」は、鏡《かがみ》と鏡《かがみ》の間《あいだ》からじゃないと見《み》えない。マジックミラーの場合《ばあい》は、中《なか》の光《ひかり》が半分反射《はんぶんはんしゃ》して、半分《はんぶん》は透《す》けて見《み》えるため、箱《はこ》の中《なか》を観察《かんさつ》できるんだ。光《ひかり》は反射《はんしゃ》するたびに半分《はんぶん》しか通《とお》りぬけないので、おくにいくほど光《ひかり》がぼんやり見《み》えるよ。

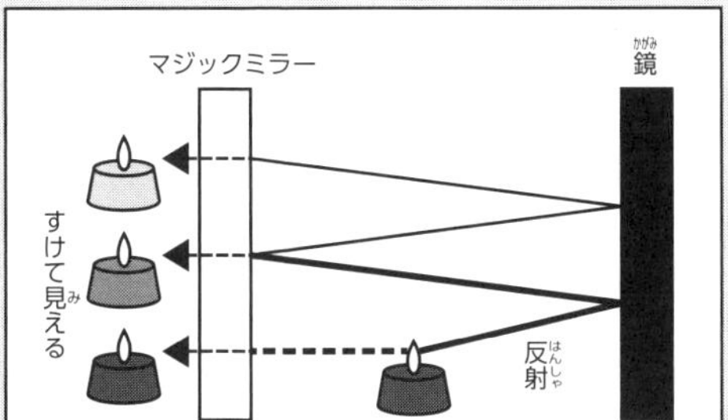

何度《なんど》も反射《はんしゃ》をくりかえすのでおくまで続《つづ》いているように見《み》える。

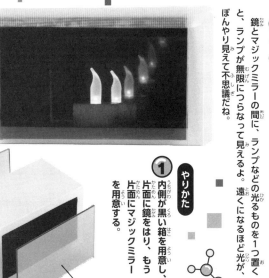

CASE 8:
氷《こおり》の祭《さい》典《てん》のわな
雪《ゆき》まつり楽《たの》しいねー!!
屋台《やたい》で食《た》べた「冷《つめ》たくないかき氷《ごおり》」、おもしろかったなー!
フワフワじゃったのう。
それに全然《ぜんぜん》キーンってしなかったね!
まさか電子《でんし》レンジを使《つか》って作《つく》ってるなんて想像《そうぞう》もつきませんでした!
かたくこおった氷《こおり》は電子《でんし》レンジに入《い》れてもとけにくいの。
でも少《すこ》し温《あたた》めると氷《こおり》がやわらかくなり、けずりやすくなる。
それを使《つか》うと、冷《つめ》たすぎないフワフワのかき氷《ごおり》ができるってわけ。
氷《こおり》にも冷《つめ》たい氷《こおり》と温《あたた》かい氷《こおり》があるってことだな。
なるほどー!!
ねえねえ、次《つぎ》は「氷彫刻《こおりちょうこく》コンテスト」を見《み》に行《い》こうよ!
雪まつり
会場MAP
A会場
メインステージ
B会場
C会場
氷彫刻コンテスト
D会場
テーマ
遊園地
前回チャンピオン
テーマは遊園地《ゆうえんち》なんだって!
ガシャーン
きゃあああ
ガラガラ…

今《いま》のは…!!
コンテストの会場《かいじょう》のほうだわ!
博士《はかせ》、そいつらのことたのんだぞ!
ええ——!?
わ、わかった!休憩所《きゅうけいじょ》で待《ま》っとるからな、
気《き》をつけるんじゃぞふたりとも!!
ザワ
ザワ
危《あぶ》ないですからはなれてください!
メリーゴーラウンドの彫刻《ちょうこく》が急《きゅう》にくずれて…!!
メリーゴーラウンドが…!?
こそ
こそ
……
この棒《ぼう》…氷《こおり》じゃなくてプラスチック製《せい》だわ。
……。
なにか気《き》づいたか?灰原《はいばら》。
ええ、工藤《くどう》くんは?

この写真《しゃしん》のメリーゴーラウンド…屋根《やね》にあるはずの球体《きゅうたい》がこのくずれた彫刻《ちょうこく》にはない。
氷彫刻《こおりちょうこく》コンテスト
本当《ほんとう》だわ、この球体《きゅうたい》だけがない…。
と、いうことはこわれたのではなく溶《と》けた…?
そうなるだろーな。
そこにこの事件《じけん》の解決《かいけつ》の糸口《いとぐち》がありそうだぜ。
氷《こおり》を溶《と》かす…当然《とうぜん》、火《ひ》は目立《めだ》つから使《つか》えないわよね。
だけどあれだけ人《ひと》がいるときにメリーゴーラウンドはこわれている…。
まちがいなく犯人《はんにん》は球体《きゅうたい》を溶《と》かしたのね。
人目《ひとめ》につかない方法《ほうほう》で…。
あっこらっ!近寄《ちかよ》っちゃ危《あぶ》ないぞ!
ごめんなさーい!!
キラッ
!
あれは…。
高台《たかだい》に設置《せっち》してある、もう1つの作品《さくひん》ね。

おじさん、この作品《さくひん》を作《つく》った人《ひと》でしょ?
ああ、そうだよ。
チラシの写真《しゃしん》そのままだー、きれいだね!
ありがとう。
でも、この写真《しゃしん》だと柱《はしら》にも大《おお》きな丸《まる》いのがついているのに、本物《ほんもの》にはないよ?
どうして?
もしかして下《した》にあったメリーゴーラウンドみたいにこわれちゃったの?
え!? あの作品《さくひん》がこわれた?
いい作品《さくひん》だったのに。
でもおれのほうのは溶《と》けちゃっただけだよ、この天気《てんき》だしな。残念《ざんねん》だけどね。
ホント?
こんなに低《ひく》い気温《きおん》の中《なか》で大《おお》きな氷《こおり》のかざりだけが太陽《たいよう》の光《ひかり》であと形《かた》もなくすぐに溶《と》けるかしら。
えっ…?

クンクン
やっぱりアルコールのにおいがする。
これでハッキリしたわ。
メリーゴーラウンドをこわしたのは、あなたたね。
!?
あなたが彫刻《ちょうこく》の上《うえ》に作《つく》ったのは氷《こおり》のレンズ…、
メリーゴーラウンドの球体《きゅうたい》をねらうための!
な…、
なにを言《い》ってるんだ…!?
おそらく昨日《きのう》ここで準備《じゅんび》をするとき、氷《こおり》のレンズに西日《にしび》の光《ひかり》が集《あつ》まるように調整《ちょうせい》して、メリーゴーラウンドの球体《きゅうたい》を溶《と》かしていたのね。
西日《にしび》
レンズ
球体《きゅうたい》
溶《と》けた球体《きゅうたい》の水分《すいぶん》がメリーゴーラウンドの棒《ぼう》に流《なが》れて入《はい》ると、夜《よる》になってその水分《すいぶん》がこおり棒《ぼう》がふくれて折《お》れる、…ってしくみじゃないかしら?
……!!

これなら、あなたが直接《ちょくせつ》手《て》を下《くだ》さなくてもメリーゴーラウンドは自然《しぜん》にこわれる…。
そしてアルコールは氷《こおり》をあっという間《ま》に溶《と》かすわ。
その性質《せいしつ》を利用《りよう》しておまえはメリーゴーラウンドがこわれたのを見届《みとど》けたあと、
ゆうゆうと氷《こおり》のレンズを消《け》し去《さ》ったというわけさ！
どうしてわざわざ他人《たにん》の作品《さくひん》をこわすようなことをしたの？
へっ…まさか子《こ》どもにバレるなんてな…！
あいつには3年連続《ねんれんぞく》コンテストで負《ま》けてるんだ。
今年《ことし》こそなんとしても優勝《ゆうしょう》したかった…どんな手《て》を使《つか》ってもな！
グッ…
そんなとき、あいつが木馬《もくば》のじくにプラスチックのパイプを使《つか》っていることに気《き》づいた。
…
俺《おれ》は配管工《はいかんこう》でな、水《みず》がこおるとふくらむことを知《し》っていた。
冬場《ふゆば》、気温《きおん》が低《ひく》いと水道管《すいどうかん》がこおって破裂《はれつ》することがあるだろ？それで、このしかけを思《おも》いついたんだ。

急《きゅう》きょコーヒーカップに氷《こおり》のレンズをはめ、レンズをコンセプトにしたと思《おも》わせる作品《さくひん》に作《つく》りかえた。
柱《はしら》のレンズはメリーゴーラウンドの球体《きゅうたい》に向《む》け、集《あつ》めた太陽光《たいようこう》で溶《と》かすように設置《せっち》した。
まさにキミたちの推理《すいり》どおり、
見事《みごと》こわれて大成功《だいせいこう》！だったのにな…。
さあ、あとは警察《けいさつ》を呼《よ》んで…。
待《ま》ってください!!
あの人《ひと》…メリーゴーラウンドの作者《さくしゃ》だわ！
これはただの事故《じこ》ですよ。
えっ!?

ぼく、あなたの作品《さくひん》を前《まえ》からずっとすごいなと思《おも》ってたんですよ。
特《とく》に今回《こんかい》は造形《ぞうけい》だけじゃなくて光《ひかり》も演出《えんしゅつ》していてやられたなってね！
い、いや、それはおまえの作品《さくひん》をこわすために作《つく》ったもので…。
ほら、見《み》てください！
え…？
子《こ》どもたちがあんなに喜《よろこ》んでいるじゃないですか！
ワイ
ワイ
ワイ
これがすべてですよ!!
子《こ》どもたちが…。
あんなに楽《たの》しそうに…。
勝負《しょうぶ》ばかりを気《き》にしてたおれがまちがっていた、
すまない…!!
氷《こおり》のように冷《つめ》たかったしっとの心《こころ》も、ライバルの思《おも》いやりと科学的推理《かがくてきすいり》ですっかりとけたようね。
俺《おれ》たちは体《からだ》がこおりそうだな…。
早《はや》くみんなの所《ところ》にもどって温《あたた》まりましょ…。
ぶるっ

灰《はい》原《ばら》哀《あい》の科《か》学《がく》実《じっ》験《けん》室《しつ》⑱

Ai's Labo《アイズ ラボ》

～氷《こおり》と水《みず》の性質《せいしつ》を調《しら》べてみよう～

水《みず》や氷《こおり》は身近《みぢか》なものだけれど、おもしろい性質《せいしつ》があるの。実験《じっけん》で調《しら》べてみましょう。

まんがのおさらい

氷《こおり》の性《せい》質《しつ》を利《り》用《よう》したトリック!!

犯人《はんにん》がパイプを破《は》かいできたのは、水《みず》がこおるとふくらむ性質《せいしつ》を利用《りよう》したから。そして、その証《しょう》こをかくすために、氷《こおり》のレンズにアルコールをかけて溶《と》かした…。今回《こんかい》の事件《じけん》は、氷《こおり》の性《せい》質《しつ》を利《り》用《よう》したものだったのよ。

気《き》温《おん》の低《ひく》い氷《ひょう》点《てん》下《か》での犯《はん》行《こう》よ…。

氷《こおり》でパイプを破《は》れつさせる!?

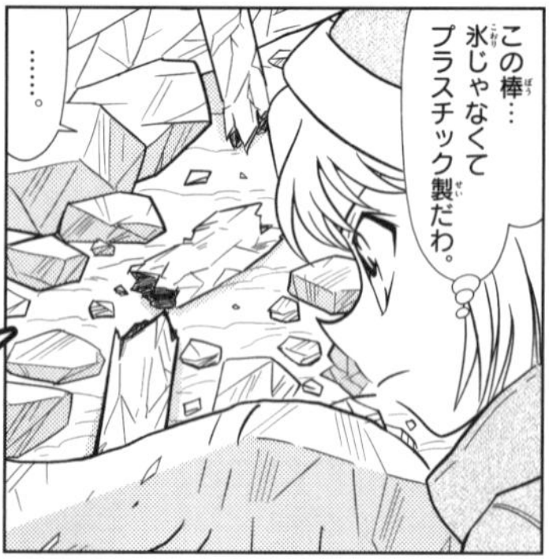
この棒《ぼう》…氷《こおり》じゃなくてプラスチック製《せい》だわ。
……。

アルコールで氷《こおり》をとかす!?

こんなに低《ひく》い気《き》温《おん》の中《なか》で大《おお》きな氷《こおり》のかざりが太《たい》陽《よう》の光《ひかり》であと形《かた》もなくすぐに溶《と》けるかしら。
なに…?

氷《こおり》のレンズが溶《と》かされた!?

あなたが彫刻の上に作ったのは氷のレンズ…、
メリーゴーラウンドの球体をねらうための!

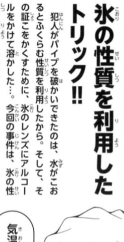

チャレンジ1

水《みず》や、ろうを冷《ひ》やして量《りょう》の変化《へんか》を調《しら》べよう！

水《みず》と、溶《と》かしたろうを冷《ひ》やしてみよう。水《みず》はこおると10％《パーセント》ほど体積《たいせき》が増《ふ》え、逆《ぎゃく》にろうは固《かた》まると減《へ》る。固《かた》まると、体積《たいせき》が増《ふ》えるものと減《へ》るものがあるんだ。

用意《ようい》するもの

水《みず》、
ろうそく、
透明《とうめい》な容器《ようき》(２つ)、
紙《かみ》コップ(湯《ゆ》せん用《よう》)

やりかた

①水《みず》と、ろうそくを溶《と》かしたもの(以下《いか》ろう)を同《おな》じ量《りょう》だけ容器《ようき》に入《い》れよう

水《みず》
ろう

ろうそくは紙《かみ》コップに入《い》れ、60℃以上《どいじょう》で湯《ゆ》せんして溶《と》かしてね(※1)。容器《ようき》に入《い》れたら目印《めじるし》の線《せん》を引《ひ》こう。

②両方《りょうほう》冷《ひ》やして量《りょう》を見《み》てみよう

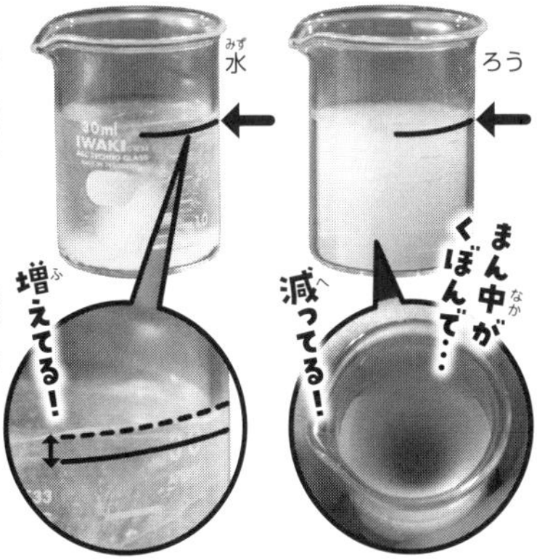
ろう
水《みず》
まん中《なか》がくぼんで…
減《へ》ってる！
増《ふ》えてる！

→水《みず》は冷凍庫《れいとうこ》で、ろうは室温《しつおん》で固《かた》めてね。ろうは固《かた》まると真《ま》ん中《なか》がくぼむんだ。

⚠ ※1 大《おお》きな容器《ようき》に湯《ゆ》を注《そそ》ぎ、中《なか》にろうそくが入《はい》った紙《かみ》コップを入《い》れます。やけどをしないように、保護者《ほごしゃ》と一緒《いっしょ》に実験《じっけん》してください。

まめちしき

水《みず》は液体《えきたい》より固体《こたい》のほうが体積《たいせき》が大《おお》きい!!

すべての物質《ぶっしつ》は分子《ぶんし》というつぶでできている。多《おお》くの物質《ぶっしつ》は、気体《きたい》が冷《ひ》えて液体《えきたい》、そして固体《こたい》になると、つぶのすきまがつまっていき、体積《たいせき》が減《へ》るんだ。一方《いっぽう》、水《みず》は氷《こおり》(固体《こたい》)になったとき、つぶのすきまが液体《えきたい》よりも大《おお》きくなるので、体積《たいせき》が増《ふ》えるんだ。

多《おお》くの物質《ぶっしつ》は冷《ひ》えて固《かた》まるとすきまがつまって小《ちい》さくなる

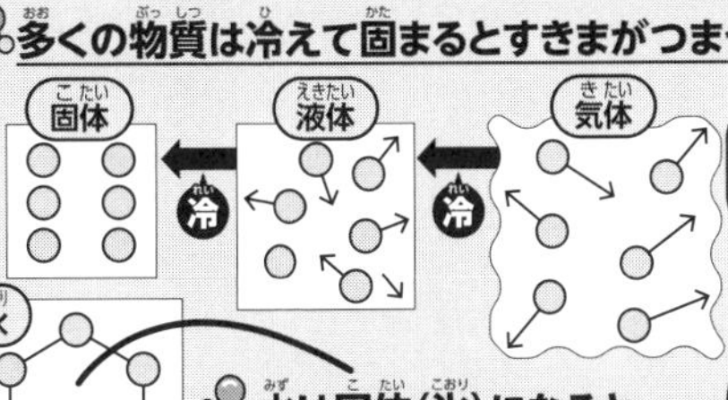
固体《こたい》
液体《えきたい》
気体《きたい》
冷《れい》
冷《れい》

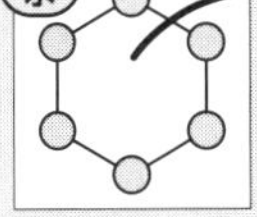
氷《こおり》

水《みず》は固体《こたい》(氷《こおり》)になるとすきまが広《ひろ》がって大《おお》きくなる

かたい水道管《すいどうかん》がこおるとこわれてしまうのはこのせいよ。
ペットボトルも、こおるとパンパンに！
氷《こおり》
水《みず》

チャレンジ2

アルコールと水《みず》で氷《こおり》を溶《と》かしてみよう

アルコールと水《みず》を使《つか》って、氷《こおり》が溶《と》ける速《はや》さを比《くら》べよう。
アルコールのあるほうが速《はや》くとけるよ。

用意《ようい》するもの

水《みず》、消毒用《しょうどくよう》アルコール、
氷《こおり》2つ、コップ2つ、温度計《おんどけい》

やりかた

① **水《みず》、水《みず》とアルコールを同量《どうりょう》混《ま》ぜたものを用意《ようい》。**

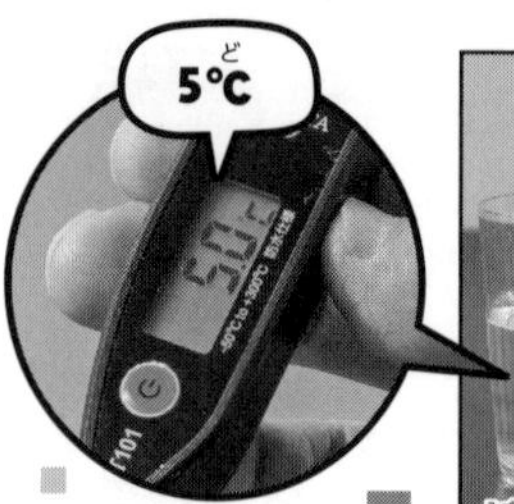

5℃《ど》

▲冷蔵庫《れいぞうこ》で冷《ひ》やしておこう。

アルコール
水
水《みず》とアルコール
水《みず》

同《おな》じ温度《おんど》にして、コップに同《おな》じ量《りょう》を注《そそ》ぐ。

② **氷《こおり》を入《い》れて観察《かんさつ》しよう。**

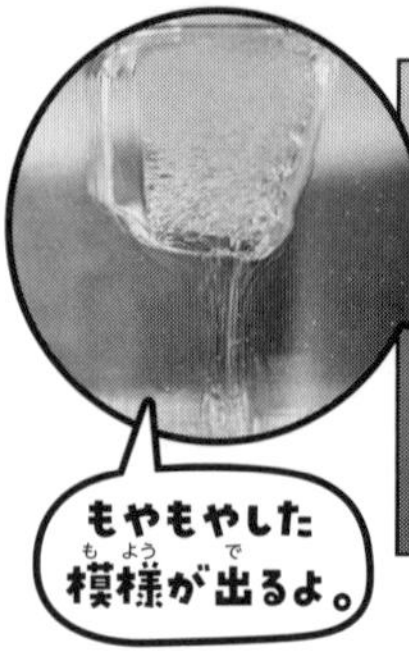

もやもやした
模様《もよう》が出《で》るよ。

水《みず》
アルコール
水
水《みず》とアルコール

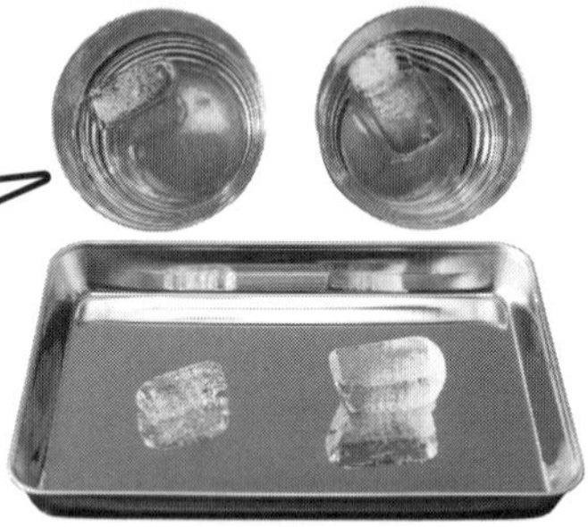

アルコール入《い》りのほうが速《はや》く溶《と》けたよ。

まめちしき

液体《えきたい》がこおる温度《おんど》のちがい

水《みず》は0℃《ど》でこおるけれど、「何《なに》かが溶《と》けた液体《えきたい》」はこおる温度《おんど》がずっと低《ひく》い。こいアルコールの液体《えきたい》は、冷凍庫《れいとうこ》でもこおらないよ。

水《みず》	0℃《ど》
塩水《えんすい》（飽和食塩水《ほうわしょくえんすい》）	−21.3℃《ど》
アルコール80%《パーセント》	−67℃《ど》

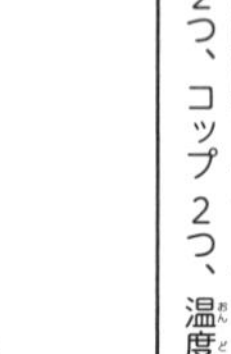

氷解《ひょうかい》スプレー

この性質《せいしつ》を利用《りよう》して、こおった窓《まど》にはアルコール入《い》りスプレー、道路《どうろ》には塩《しお》などをまいて、氷《こおり》を溶《と》かしているよ。

チャレンジ3

塩《しお》と毛《け》糸《いと》で氷《こおり》をつりあげよう

塩《しお》と氷《こおり》の性質《せいしつ》を利用《りよう》して、氷《こおり》つりゲームをしよう。

用意《ようい》するもの
氷《こおり》（複数《ふくすう》）、毛糸《けいと》、塩《しお》

やりかた

① 塩《しお》を氷《こおり》にひとつまみかける。

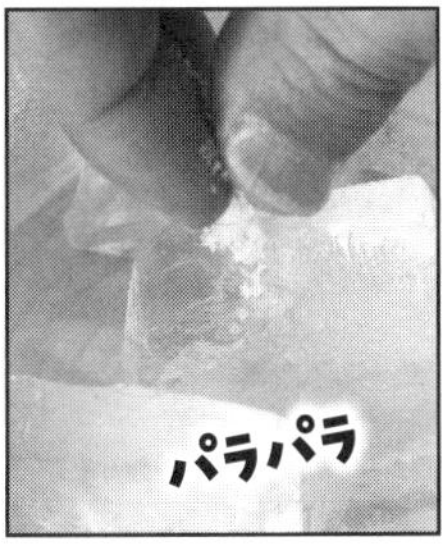
パラパラ

② 水《みず》でしめらせた毛糸《けいと》を①の上《うえ》にたらす。

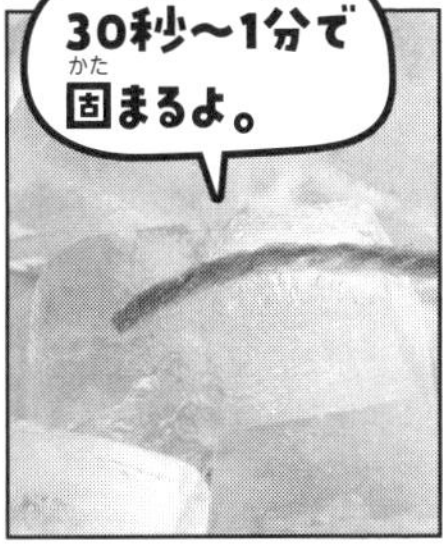
30秒《びょう》〜1分《ぷん》で固《かた》まるよ。

③ 毛糸《けいと》をゆっくり持《も》ち上《あ》げよう。

くっついた！

※氷《こおり》を冷凍庫《れいとうこ》から取《と》り出《だ》したら、すぐに実験《じっけん》しよう。

水《みず》と氷《こおり》のおもしろさ、実験《じっけん》でわかったかしら？

まめちしき

一度溶《いちどと》けてもう一度《いちど》こおる！

氷《こおり》に塩《しお》をかけると、最初《さいしょ》は氷《こおり》が溶《と》けてどんどん冷《つめ》たくなる。冷《つめ》たくなると一度溶《いちどと》けた水《みず》がこおり、毛糸《けいと》と氷《こおり》がくっつくんだ。

マイナス7℃《ど》
-50°C to +300°C 防水仕様

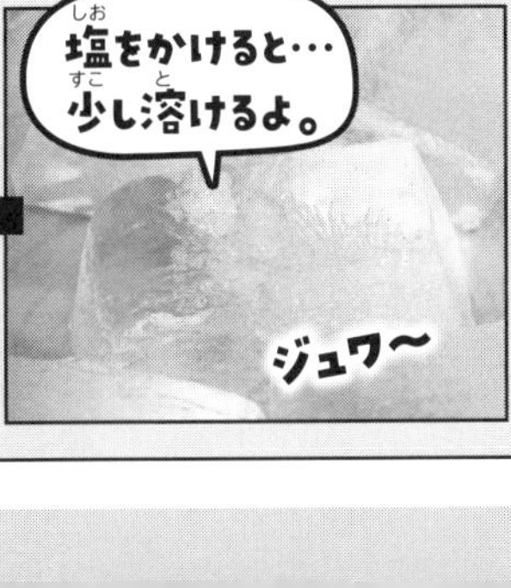
塩《しお》をかけると…少《すこ》し溶《と》けるよ。
ジュワ〜

カチン！
少《すこ》しすると氷《こおり》が固《かた》まる。

「ガーベラの微笑《びしょう》」
いただきにきたぜ…！
CASE9：
花《はな》の宝石《ほうせき》（前編《ぜんぺん》）
トリック対決《たいけつ》！
怪盗《かいとう》キッドが予告状《よこくじょう》を⁉
毛利
はい、私《わたくし》が開催《かいさい》する「花咲《はなさ》く宝石《ほうせき》オークション」をSNS《エスエヌエス》で発信《はっしん》したところ、キッドから返信《へんしん》が来《き》まして…。
栗栖丁次《くりすていじ》
宝石商《ほうせきしょう》
SNS《エスエヌエス》に…⁉

5月《がつ》23日《にち》
「花咲《はなさ》く宝石《ほうせき》オークション」
開催決定《かいさいけってい》！
幻《まぼろし》の宝石《ほうせき》
「ガーベラの微笑《びしょう》」も
出品《しゅっぴん》されます
満月《まんげつ》の夜《よる》
月光《げっこう》に照《て》らされし額《がく》より
ガーベラの微笑《びしょう》をいただきに
参上《さんじょう》します
怪盗《かいとう》キッド
621件
4869件
5.4万件
へえ、これが今《いま》バズってるってうわさのキッドの予告状《よこくじょう》!?
100年前《ねんまえ》に行方知《ゆくえし》れずになった「王妃《おうひ》の宝石《ほうせき》」がねらわれているのよね。
あっ、こらおまえらまた…!!
きみたちよく知《し》ってるね！
これがその宝石《ほうせき》、「ガーベラの微笑《びしょう》」だよ。
わーキレイだね！
しかしキッドにねらわれるなんて災難《さいなん》ですな。
そうなんですよ、そのせいで意図《いと》せず有名《ゆうめい》になってしまって。
毎日問《まいにちと》い合《あ》わせが山《やま》のように来《き》ていましてね…。
……。
有名《ゆうめい》ねぇ…、しかしキッドのことは警察《けいさつ》に任《まか》せればいいじゃないですか。
もちろん私《わたくし》もそうしたいんですがね。

キッドを一目見《ひとめみ》たいという資産家《しさんか》の方《かた》も多《おお》くいまして…、
会場《かいじょう》に警察《けいさつ》がいるとキッドが警戒《けいかい》して来《こ》ないかもしれないと反対《はんたい》の声《こえ》が多《おお》く上《あ》がりましてね。
客《きゃく》は勝手《かって》ですなぁ…。
それで私《わたし》に依頼《いらい》が来《き》たと、
まぁいいでしょうお受《う》けしましょう。
ありがとうございます。
ねぇ、予告状《よこくじょう》の「満月《まんげつ》の夜《よる》」って明日《あした》のことだよね?
はい、明日《あした》のオークション当日《とうじつ》がちょうど満月《まんげつ》なんです。
そしてオークション会場《かいじょう》の見取《みと》り図《ず》がこれです。
バサ
天井《てんじょう》はふきぬけで2階部分《かいぶぶん》に大《おお》きな窓《まど》があります。
出入《でい》り口《ぐち》は1階《かい》のドア1つだけです。
窓《まど》も2階《かい》の大窓以外《おおまどいがい》ありません。
2F
1F
参加者《さんかしゃ》は当然《とうぜん》この1階《かい》のドアから入《はい》るんですな?
はい、ただしこのドアを通《とお》れるのは受付《うけつけ》でわたすガーベラを胸《むね》につけている方《かた》のみにしています。
つまりお花《はな》をつけている人《ひと》だけがこの部屋《へや》の中《なか》にいるってことね。
そうです。

あと、この大窓《おおまど》にはしかけをしていまして…。
キッドが窓《まど》から逃《に》げようとすると、シャッターが下《お》りるようになっています。
なるほど、袋《ふくろ》のネズミということか。
キッドがそんなので捕《つか》まるわけねーだろ…。
ではキッドの変装《へんそう》さえ見破《みやぶ》れば、正面《しょうめん》のドアからの脱出《だっしゅつ》も阻止《そし》できますな。
しかしどうやって…。
確《たし》かにあいつの変装《へんそう》を見破《みやぶ》るのは大変《たいへん》だな。
いい方法《ほうほう》があるわ。
ヒソヒソ
なるほど、それなら…!

じゃあ
おっちゃんに
一芝居《ひとしばい》打《う》ってもらうか!
パカッ
プス
ふにゃ
ズル…
も、
毛利《もうり》さん!?
サッ
一芝居《ひとしばい》打《う》つのは
あなたでしょ、
工藤《くどう》くん。
私《わたし》にいい考《かんが》えが
あります…!
オークション当日《とうじつ》
会場《かいじょう》の洋館《ようかん》入《い》り口《ぐち》
ザワ
ザワ
キョロ
キョロ

——ったく、なんであいつらついてきてんだ!?
え? 毛利《もうり》さんのご提案《ていあん》じゃないんですか。
あの子《こ》たちが役《やく》に立《た》つ。会場《かいじょう》に連《つ》れていきましょう。
いや～さすが毛利《もうり》さん、柔軟《じゅうなん》な思考《しこう》と戦略《せんりゃく》をお持《も》ちだ!
あ、そ、それはもう!
探偵《たんてい》として当然《とうぜん》のことですよ、ナハハハ…!
予告状《よこくじょう》にあった「月光《げっこう》に照《て》らされし額《がく》」、
つまりここ、大広間《おおひろま》のあの大窓《おおまど》のこと…。
キッドはあの窓《まど》から入《はい》ってくるつもりだ。
スッ
準備《じゅんび》はできたわ。
後《あと》はキッドを待《ま》つだけ…。

さあ！ ただ今《いま》より
オークションを
開始《かいし》いたします！
皆様《みなさま》、中央《ちゅうおう》に
お集《あつ》まりください。
ゾロ
ゾロ
始《はじ》まったわね。
ああ。
ガラガラ…
いよいよ
最後《さいご》の品《しな》に
なります。
これが皆様《みなさま》
ご注目《ちゅうもく》の…、
「ガーベラの微笑《びしょう》」
です!!
!?
な…
ない!?

「ガーベラの微笑《びしょう》」いただいたぜ!!
キッド…!!

CASE9:
花《はな》の宝《ほう》石《せき》（後《こう》編《へん》）
トリック対《たい》決《けつ》！
キッド…!!
「ガーベラの微笑《びしょう》」…この微笑《びしょう》は私《わたし》が解《と》き放《はな》ちましょう！
ガラガラ
ガラ
ガシャン！
ドアのカギもかけた、この部屋《へや》にはその窓《まど》とドア以外《いがい》出入《でい》り口《ぐち》はない。
どうだね？これできみも袋《ふくろ》のネズミだ！
…では私《わたし》はかわりにきみを閉《と》じこめるとしよう！
ピッ
ズッ
…それはどうでしょうね？

ボンッ
!!
皆《みな》さん!落《お》ち着《つ》いてくださいッ!!
煙《けむり》がおさまるまで動《うご》かないで!!
ワー
キャー
スッ
間違《まちが》いなくキッドは変装《へんそう》して客《きゃく》に紛《まぎ》れるはずだ!
サァァァ…
キッドはどこだ…!?
…見《み》つけた。

ざわっ
あいつがキッドよ！
な…!?
なんで私《わたし》がキッドなんだ!?
ここにはほかにもたくさんの人《ひと》がいるじゃないか!!
それはあなたの胸《むね》の花《はな》が真《ま》っ白《しろ》だからよ。
はあ？
そんなのほかの皆《みな》さんも…。
……！
白《しろ》い花《はな》が…半分《はんぶん》青《あお》くなっている!?
今日参加者《きょうさんかしゃ》に配《くば》ったガーベラには仕掛《しか》けがあってね。
茎《くき》を半分《はんぶん》に切《き》りその片方《かたほう》を色水《いろみず》につけたものをわたしたの。
その色水《いろみず》を吸《す》い上《あ》げたガーベラの花《はな》びらはしばらくすると半分《はんぶん》だけその色《いろ》に染《そ》まる…。

だから正式《せいしき》な招待客《しょうたいきゃく》に入《い》り口《ぐち》で配《くば》られたガーベラはみんな半分青《はんぶんあお》い色《いろ》に染《そ》まっているはず…、会場内《かいじょうない》の花《はな》を使《つか》ったりしない限《かぎ》りね。
つまり真《ま》っ白《しろ》な花《はな》をつけているあんたは招《まね》かれざる客《きゃく》だ。
…っていう作戦《さくせん》だよね、おじさん!!
こんな作戦《さくせん》を思《おも》いつくとは…さすが名探偵《めいたんてい》です!!
え!? あ、ああ いや〜 それほどでも!
そんなこと言《い》ったっけか…?
……へぇ〜 そんな作戦《さくせん》があったとはね。
ポン
パチン
まるでマジシャンだな!
パッ
これはかしこいお嬢《じょう》さんにプレゼントするとしましょう。
悪《わる》いけどうれしくないわね…。

だってこれ
ニセモノだもの…、
あなたも
わかってたんでしょ？
ニッ
き、きみ！
冗談《じょうだん》はやめなさい!!
なにを根拠《こんきょ》に
そんな…!!
「ガーベラの微笑《びしょう》」は
100年前《ねんまえ》に消《き》えたまま…
どれだけ調《しら》べても
見《み》つかったなんて
情報《じょうほう》はなかった。
栗栖《くりす》さん…
あんたはその
ニセモノを作《つく》り、
「貴重《きちょう》な宝石《ほうせき》が
見《み》つかった」と
シークレット
オークションを
開《ひら》いた。
そしてニセの予告状《よこくじょう》を作《つく》り
オレが来《き》ても来《こ》なくても
注目《ちゅうもく》を浴《あ》びるし
宝石《ほうせき》も売《う》れる…。
一石二鳥《いっせきにちょう》って
ところか？
どうせ今日《きょう》の
商品《しょうひん》も全部《ぜんぶ》
ニセモノなんだろ？
ザ…
ぐっ…!!
それは本当《ほんとう》ですか
栗栖《くりす》さん…！
ダッ
あっ、待《ま》て！
逃《に》げるな！
ガチャ

警察《けいさつ》はもうよんであるわ。
袋《ふくろ》のネズミはあなただったようね、栗栖《くりす》さん?
あ…。
栗栖丁次《くりすていじ》、おまえを詐欺《さぎ》の容疑《ようぎ》で逮捕《たいほ》する!!
ドドッ
うわぁっ!!
おまえもだキッド!!
おっと、オレは今回《こんかい》はなにも盗《ぬす》んでませんよ、中森警部《なかもりけいぶ》。
お勤《つと》めご苦労様《くろうさま》です。
ではこれにて失礼《しつれい》。
!!
ポン
…キッドのやつ、宝石《ほうせき》よりもニセの予告状《よこくじょう》が見逃《みのが》せなかったんだな。
トリックスターもニセモノは許《ゆる》さないってことね。
オレのマークはこうだっつの!

灰《はい》原《ばら》哀《あい》の科《か》学《がく》実《じつ》験《けん》室《しつ》⑨

Ai's Labo《アイズラボ》

～植物《しょくぶつ》が水《みず》を吸《す》い上《あ》げるしくみ～

キッドの変装《へんそう》を見破《みやぶ》るのに使《つか》った、半分《はんぶん》だけ色《いろ》の付《つ》いたお花《はな》。家《いえ》にあるものですぐにマネできちゃうから、ぜひチャレンジしてみてね。

まんがのおさらい

花《はな》の色《いろ》で正体《しょうたい》をあばく！

オークションに参加《さんか》した人《ひと》がつけていたガーベラは、くきを半分《はんぶん》に割《わ》って半分《はんぶん》だけ色水《いろみず》を吸《す》わせていたの。花《はな》は色水《いろみず》を吸《す》い上《あ》げて、30分《ぷん》ほどで色《いろ》が付《つ》くわ。後《あと》から来《き》たキッドの花《はな》だけが、色《いろ》がついていなかったのよ。

白《しろ》い花《はな》に色《いろ》が！

白《しろ》い花《はな》が…
半分《はんぶん》青《あお》くなっている!?

白《しろ》い花《はな》が
色《いろ》を付《つ》け
やすいわよ。

まめちしき

毛《もう》細《さい》管《かん》現《げん》象《しょう》

水《みず》に細《ほそ》い管《くだ》をさしこむと、重力《じゅうりょく》にさからって水《みず》が管《くだ》をのぼるわ。これを毛細管現象《もうさいかんげんしょう》と呼《よ》ぶの。この仕組《しく》みで植物《しょくぶつ》は水《みず》を吸《す》い上《あ》げるのよ。

水面《すいめん》より上《うえ》に来《く》る

チャレンジ1

花《はな》に色《いろ》を付《つ》けてみよう

カッターでまっすぐにくきをカットして、片方《かたほう》を色水《いろみず》にひたすと、花《はな》の半分《はんぶん》だけに色《いろ》を付《つ》けることができるわ。色《いろ》を付《つ》ける材料《ざいりょう》は、印刷用《いんさつよう》のインク(染料《せんりょう》)や食用色素《しょくようしきそ》がおすすめ。

用意《ようい》するもの

白《しろ》い花《はな》、カッター、はさみ、インク(染料《せんりょう》)、ペットボトルなど入《い》れ物《もの》、下《した》にしくボードなど

やりかた

① 花《はな》のくきを切《き》り、カッターで切《き》りこみを入《い》れる。

水《みず》の中《なか》で切《き》ろう

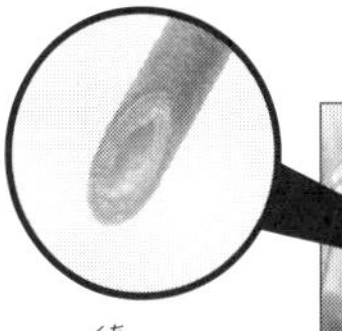

切《き》り口《くち》をななめにしよう

くきを真《ま》ん中《なか》で分《わ》けよう

⚠手《て》を切《き》らないように気《き》をつけてね！

② ペットボトルを切《き》って下半分《したはんぶん》を器《うつわ》にする。水《みず》でうすめた染料《せんりょう》と水《みず》に分《わ》け、くきをさす。

水《みず》
水《みず》でうすめた染料《せんりょう》
染料《せんりょう》を水《みず》でうすめるよ。印刷用《いんさつよう》のインクなら2倍《ばい》くらいから試《ため》してみよう。

③ しばらくすると花《はな》が染《そ》まるよ。

30分《ぷん》くらいで色《いろ》が付《つ》くよ！

▶色水《いろみず》が通《とお》ったほうのくきにも色《いろ》が付《つ》いているよ。

花《はな》に色《いろ》が付《つ》いた!!

まめちしき

染料《せんりょう》と顔料《がんりょう》のちがい

染料《せんりょう》は色《いろ》のつぶが小《ちい》さく水《みず》にとける。顔料《がんりょう》は色《いろ》のつぶが大《おお》きく水《みず》にとけない。水彩絵《すいさいえ》の具《ぐ》は顔料《がんりょう》なので、水《みず》でうすめられるけれど、花《はな》は染《そ》められないよ。

※カッターやはさみを使《つか》うときは、手《て》などを切《き》らないよう注意《ちゅうい》し、おうちの人《ひと》といっしょに行《おこな》いましょう。

チャレンジ 2

水《みず》がのぼる力《ちから》を比《くら》べてみよう

世界《せかい》には、100m《メートル》を超《こ》える大《おお》きな木《き》もあるよね。植物《しょくぶつ》が高《たか》い位置《いち》まで水《みず》を吸《す》いあげられるのには、132ページで紹介《しょうかい》した「毛細管現象《もうさいかんげんしょう》」以外《いがい》にも、いくつか理由《りゆう》があると考《かんが》えられているよ。ひとつは、植物《しょくぶつ》の呼吸《こきゅう》。動物《どうぶつ》のように葉《は》っぱのうらで空気《くうき》を吸《す》ったり吐《は》いたりするとき、水分《すいぶん》が蒸発《じょうはつ》する。蒸発《じょうはつ》することで茎《くき》の中《なか》の水分《すいぶん》が減《へ》ると、下《した》から水《みず》が吸《す》いあげられるの。ここでは、たこ糸《いと》を水《みず》にひたして実験《じっけん》してみましょう。

用意《ようい》するもの

たこ糸《いと》や毛糸《けいと》、
重《おも》り(クリップなど)、
染料《せんりょう》、コップ、棒《ぼう》

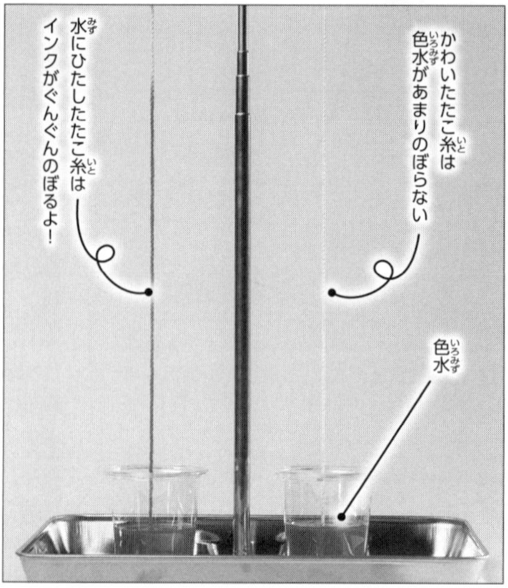
かわいたたこ糸《いと》は
色水《いろみず》があまりのぼらない
水《みず》にひたしたたこ糸《いと》は
インクがぐんぐんのぼるよ！
色水《いろみず》

蒸発《じょうはつ》を利用《りよう》しているよ

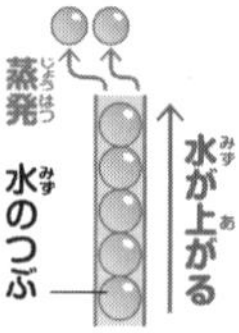
蒸発《じょうはつ》
水《みず》のつぶ
水《みず》が上《あ》がる

水《みず》には、細《ほそ》い管《くだ》の中《なか》でくっつきあい、蒸発《じょうはつ》した分《ぶん》、下《した》から水《みず》を引《ひ》き上《あ》げる性質《せいしつ》があるよ。

やりかた

① 水《みず》にたこ糸《いと》を1本《ぽん》ひたす。

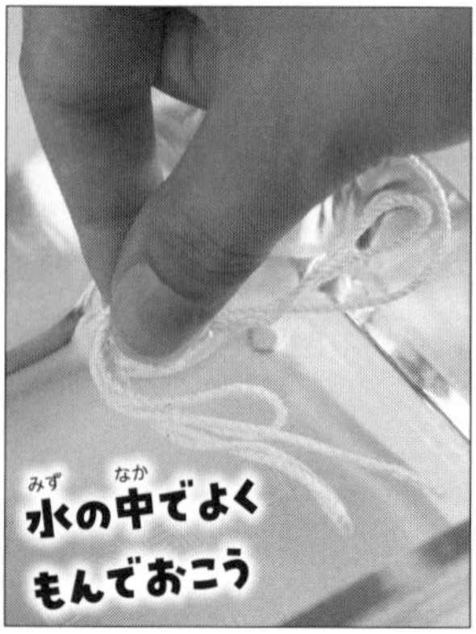
水《みず》の中《なか》でよく
もんでおこう

② 糸《いと》に重《おも》りを付《つ》けてつるし、染料《せんりょう》にひたす。

片方《かたほう》は、かわいた
たこ糸《いと》をつるそう。

＊糸《いと》が底《そこ》につかないように棒《ぼう》などでつるそう。染料《せんりょう》は水《みず》でうすめるよ。

東大松丸式《とうだいまつまるしき》
シリーズ最新刊《さいしんかん》!

コナンとナゾトキで事件《じけん》を解決《かいけつ》!!

松丸亮吾《まつまるりょうご》とリドラがおくるナゾトキに、コナンと少年探偵団《しょうねんたんていだん》が挑戦《ちょうせん》!?
さまざまな事件《じけん》にちりばめられたナゾを、コナンといっしょに解《と》いていこう！

ナゾトキチャレンジ

下《した》のナゾを解《と》き、答《こた》えを導《みちび》こう！

ヒント 左《ひだり》の数字《すうじ》をひらがなで書《か》くと…？

20の 12 は 

35の 126は 

801の 156は 

31の 612は何？

こたえはページの下《した》を見《み》てね。

名探偵《めいたんてい》コナンナゾトキ推理《すいり》ダイアリー
発売中《はつばいちゅう》 定価《ていか》1000円《えん》（税《ぜい》ぬき）

ニュースな事件《じけん》をコナンと解決《かいけつ》だ！

ニュース探偵《たんてい》コナン⑥ 風《かぜ》の塔《とう》の陰謀《いんぼう》
発売中《はつばいちゅう》 定価《ていか》850円《えん》（税《ぜい》ぬき）

①〜⑤巻《かん》も好評発売中《こうひょうはつばいちゅう》！

コナンと難事件《なんじけん》を解決《かいけつ》し、ニュースにもくわしくなれる！ シリーズ最新第《さいしんだい》6巻《かん》！

ナゾトキのこたえ
1行目《ぎょうめ》、「20」は「にじゅう」と読《よ》み、「12」は1、2文字目《もじめ》と順番《じゅんばん》を差《さ》すよ。なので、右《みぎ》の絵は「に」と「じ」で、「にじ」だ。その法則《ほうそく》にしたがうと、「31」は「さんじゅういち」、「612」の順《じゅん》で文字《もじ》をひろうと、「い」「さ」「ん」となる。答《こた》えは「遺産《いさん》」だ。

名探偵コナン 灰原哀の科学事件《サイエンストリック》ファイル

2024年9月30日 初版第1刷発行
2024年11月13日 第2刷発行

原　作●青山剛昌
まんが●あさだみほ
科学原案●くられ
協力●サンデー編集部

カバーデザイン●横山和忠　本文デザイン／中富竜人
構成協力●株式会社プロダクションベイジュ
撮影●岡本明洋、五十嵐美弥、黒石あみ
制作●松田雄一郎　資材●朝尾直丸　販売●飯田彩音　編集●明石修一
★掲載号
『小学8年生』･･･2022年10月号、11月号、2023年「春のパワーアップ号」、
「夏の自由研究号」、年末年始特別号、2024年「進級チャレンジ号」
読売KODOMO新聞･･･2022年9月29日号、10月13日号、2023年1月19日号、2月2日号、
10月26日号、11月9日号、2024年5月23日号、6月6日号
★すべての作品は科学的知識に着想したフィクションです。

発行人●村上孝雄
発行所●株式会社小学館 〒101-8001 東京都千代田区一ツ橋2-3-1
（編集）03-3230-5382
（販売）03-5281-3555
印刷所●岩岡印刷株式会社
製本所●牧製本印刷株式会社

ISBN978-4-09-227418-1
